偉人《いじん》たちの〈あの日　あの時〉

夢《ゆめ》をかなえた世界の人々

岡《おか》 信子《のぶこ》・著《ちょ》　山岡勝司《やまおかかつじ》・絵《え》

日本教文社

〝夢《ゆめ》〟を実現《じつげん》させるために

岡《おか》　信子《のぶこ》

世界の人々に愛《あい》を伝《つた》え、貧《まず》しい人たちのために一生を捧《ささ》げたマザー・テレサは、生前《せいぜん》、こんな言葉を残《のこ》しています。

「私たちは、ただ、この世《よ》の一員《いちいん》であるだけでなく、ただ何かをして通りすぎるだけでなく、一人一人がすばらしいことをするためにつくられたと信じています」

この言葉を読んだ時、私は、とても感動し、〝すばらしいこと〟とは、どのようなことを指《さ》すのだろうかと考えました。

この世には、すばらしいことが、教えきれないほどいっぱいあります。

その中でも、とくにすばらしいことは、いつも胸《むね》いっぱいに〝夢〟をあふれさせていることではないか、そして、その夢を実現させるために、前向きにイキイキと生きていくことではないか、という思いに至《いた》りました。

この『夢《ゆめ》をかなえた世界の人々』で取りあげた人たちは、この世の一員《いちいん》として、ただ人生を通りすぎずに、すばらしい偉業《いぎょう》をなしとげました。

登場者《とうじょうしゃ》たちは、生まれた時からすべてに恵まれていたわけではありません。

むしろ、ほとんどの人が、特別に富裕《ふゆう》ではない、普通《ふつう》の家庭に生まれ育っています。

そうした条件《じょうけん》の中から、何事にもくじけない強い精神《せいしん》をもち、知恵をはたらかせて、明るい心で困難《こんなん》を乗りきり〝夢〟を実現《じつげん》させていったのです。

生きていると、いろいろと予想もしない出来事に遭遇《そうぐう》するものです。

苦しいこと、危険《きけん》なこと、壁《かべ》にぶつかった時や、いざという時、勇気をもって立ち向《む》かい、努力を重ねることで、自分の人生をきりひらく……これこそ本当の生き方と言えるでしょう。

本書では、偉人《いじん》たちの子ども時代、少年時代のエピソードを中心に、それぞれテーマ別に紹介《しょうかい》しました。さまざまな偉人たちの物語を通して、人が生きていくうえで、真《しん》に大切なものはなにかを感じとってください。

本書が、すばらしいこと――〝夢〟を実現させるための指針《ししん》になることを願《ねが》っています。

目次《もくじ》

第3章 自分のこころに正直に

第4章 勇気《ゆうき》をくれた言葉にはげまされて

第5章 未来の人々のために

第1章

好きなものにかけた一生

スティーブンソン

葛飾北斎《かつしかほくさい》

スウェン・ヘディン

パブロ・ピカソ

蒸気《じょうき》機関車《きかんしゃ》の実用化に取り組んだ

スティーブンソン

——努力《どりょく》で一つ一つかなえた夢《ゆめ》

ジョージ・スティーブンソン

（1781～1848）

イギリスの機械技術者《ぎじゅつしゃ》

ニューカッスル地方の炭鉱《たんこう》のある小さな村で生まれる。１４歳《さい》で炭鉱夫の父の仕事の助手をしながら、夜学《やがく》で文字を習う。２１歳で結婚《けっこん》、４年後に妻《つま》が死亡《しぼう》。息子《むすこ》を育てながら炭鉱の蒸気機関《じょうききかん》を直し機関士長となる。

後《のち》に機関車『ブリュッヘル号』を完成させる。

４４歳でストックトン～ダーリントン間にできた鉄道で『ロコモーション号』を走らせるなど、蒸気機関車を製作し、鉄道の発展につくした。

６６歳でバーミンガム市『機械技術者協会』初代会長に就任《しゅうにん》。６７歳で死去《しきょ》。

楽しい仕事

「どうどう、ほら、がんばれ！」

十一歳《さい》のジョージ・スティーブンソンは、石炭《せきたん》を積《つ》んだ車を引く馬をはげましながら、一所懸命《いっしょけんめい》に進みます。

気をぬくと、木のレールから車輪《しゃりん》が外《はず》れてしまうので、油断《ゆだん》できません。手綱《たづな》をにぎる手は痛《いた》く、汗《あせ》がぽたぽた流れおちてきます。それでもジョージは、楽しくてたまらないのです。

ジョージの父は、イギリス北東《ほくとう》にある炭鉱《たんこう》の貧《まず》しい火夫《かふ》でした。坑内《こうない》にたまるわき水を、ポンプでくみだす時に使う、蒸気機関《じょうききかん》の釜《かま》に石炭《せきたん》をくべるのが、火夫の仕事です。

ときどき、ジョージは、父の仕事場《しごとば》で、石炭をくべる手伝いをしました。

「仕事をしている父《とう》さんは、素敵《すてき》だなあ」

仕事をした後、ジョージは、いつも力強く働《はたら》く、火夫の父を誇《ほこ》りに思うのでした。

ジョージは、家の暮《く》らしを助けるため、八歳《さい》のころから、牛の番や、馬で畑をたがやしたり、石炭《せきたん》の中の小石拾《ひろ》いなどをしてきました。

それが、やっと馬を引くという、大人の仕事を、させてもらえるようになったのです。

(小さい時からの夢《ゆめ》に、少し近づいたぞ)

ジョージの夢――それは、父のような炭鉱《たんこう》の火夫になることでした。

実現《じつげん》した夢《ゆめ》

十四歳のとき、火夫にならないかという、おもいがけない話が舞《ま》いこみました。

「えっ、ぼくが火夫《かふ》にですって！」

ついに、夢《ゆめ》が本当になったのです。

父を手伝った経験《けいけん》が認《みと》められて、ジョージは、すぐに仕事を任《まか》されるようになりました。

勤務《きんむ》は十二時間、給金《きゅうきん》は父の半分の一シリングです。でも、朝早くから夜遅《よるおそ》くまで、機《き》関室《かんしつ》にとじこもり、石炭をくべたり、火の強弱を見てすごすのは、楽しいことでした。

しかし、ジョージの心に、また、新しい夢が芽生《めば》えました。

(自分で蒸気機関《じょうききかん》を動かしてみたいなあ)

ジョージは、蒸気機関の運転士に、次々と質問《しつもん》し、やがて、音を聞くだけで、どこが悪《わる》いかさえわかるようになりました。

ジョージの、熱心《ねっしん》な態度《たいど》が認められて、十七歳のとき、機関助手の仕事を命《めい》じられました。

「また、夢《ゆめ》がかなったぞ！」

それからは、休日も返上《へんじょう》して、蒸気機関につきっきりの毎日です。あきれ顔の仲間の機関士に、ジョージは、はずかしそうに言いました。

「ぼくは、物を食べたり、寝《ね》たりするより、蒸気機関《じょうききかん》をいじっているほうが、楽しいんだ」

ジョージは、蒸気機関のことなら、炭鉱《たんこう》中で、だれよりも一番よく知るようになりました。

努力《どりょく》をかさねて

ジョージが十八歳《さい》になった、一七九九年当時、蒸気機関には、ニューコメンと、ワットの二つの蒸気機関がありました。

「二つの蒸気機関のどこが違《ちが》うんだい？」

「これを読めばわかるよ」

たずねるジョージに、仲間《なかま》の一人が、本を貸《か》してくれました。本を開いたとたん、ジョージの顔は見る見る青ざめていきました。

学校に行っていないジョージは、文字が読めなかったのです。

（蒸気機関のことを、もっと知りたい！）

強くそう思ったジョージは、近くの教師の所へとんで行きました。

「先生、文字を教えてください」

「小さい子といっしょでも良いなら来たまえ」

ジョージは、小さな子にまじって、ＡＢＣから習いはじめました。仕事がいそがしくても休まず、宿題《しゅくだい》もきちんと提出《ていしゅつ》したかいがあって、半年で文字ばかりか、むずかしい算数や、製図《せいず》の本も、読めるようになったのです。

夢中《むちゅう》で本を読み、資料《しりょう》を調《しら》べる日が続きました。蒸気機関《じょうききかん》のことがわかれば、わかるほど興味《きょうみ》は深くなり、面白《おもしろ》くなってきました。

ある日、石炭《せきたん》馬車が、石炭を積《つ》んで通《とお》っていくのを見て、ジョージは思いつきました。

（そうだ、蒸気機関の力で車を動かしてみた

らどうだろう）

ところが、すでにもう他の炭鉱《たんこう》で、蒸気機《じょうきき》関車《かんしゃ》が走っていたのです。

ダダン、ゴトン、ダダン……勇《いさ》ましく走る蒸気機関車を見て、ジョージの胸《むね》は、高鳴《たかな》りました。

（人が乗れる蒸気機関車を造《つく》りたい！）

またも、大きな夢《ゆめ》が生まれました。

失敗《しっぱい》をくりかえしながら、何年間も新しい蒸気機関車造《づく》りにはげみ、一八一四年七月二十五日、ついに、第一号『ブリュッヘル号』が完成《かんせい》しました。

炭鉱の仲間や家族の見守る中、ジョージ・

スティーブンソンは、釜《かま》の石炭《せきたん》がまっ赤《か》に燃《も》える、ブリュッヘル号に乗りこみました。

「スタート！」

蒸気機関《じょうききかん》のレバーを、ぐいっとひくと、ブリュッヘル号はゆっくり動きだしました。

「やったぞ、成功だ！」

「おめでとう、ジョージ」

その後も、スティーブンソンは、もっとはやく走る蒸気機関車をめざして、研究や実験を重ねました。

九年後、初《はじ》めて国会で、蒸気機関車が走る鉄道を作る法案《ほうあん》が通りました。

それから二年たった一八二五年九月、新しい鉄道が完成しました。

この記念すべき開通式で走ったのは、スティーブンソンの造《つく》った『ロコモーション号』です。

その後、馬車にかわる新しい乗り物として、蒸気機関車は世界にひろまっていきました。

楽しみながら、努力《どりょく》を重ねてかなえていった、ジョージ・スティーブンソンの夢《ゆめ》が、人類《じんるい》の幸せと、科学の進歩《しんぽ》に大きく役立ったのです。

江戸《えど》の浮世絵師《うきよえし》

葛飾北斎《かつしかほくさい》

——絵の魅力《みりょく》にとりつかれた九十年の生涯《しょうがい》

葛飾北斎（かつしか・ほくさい）

（１７６０〜１８４９）

浮世絵師《うきよえし》

江戸本所割下水《えどほんじょわりしたみず》に生まれる。おさないころより絵を描《か》くことを好《この》み、１４、５歳《さい》で木版画《もくはんが》を学ぶ。

１９歳で役者絵を発表。住居を転々としながら、作家の滝沢馬琴《たきざわばきん》と協力して、読本《よみほん》のさし絵を多く手がける。

５５歳のとき、旅に出て描《か》きすすめた『北斎漫画《ほくさいまんが》』を名《な》古屋《ごや》の版元《はんもと》から刊行《かんこう》。このころ、多くの絵手本《えてほん》も制作する。

７０歳のころ、『富嶽三十六景《ふがくさんじゆうろつけい》』や、錦絵《にしきえ》『諸国滝廻り《しよこくたきめぐ》』を出版。７７歳のとき、大飢饉《ききん》におそわれるが画帳《がちよう》を売って飢《う》えをしのぐ。

浅草のせまい借家《しやくや》で９０歳で死去《しきよ》。

将軍《しょうぐん》もびっくり！

今から、百九十年ほど前のことです。

将軍の前で、位《くらい》の高い役人《やくにん》たちが、ひそひそと話しあっていました。

「そりゃあ、文晁《ぶんちょう》先生の腕《うで》のほうが確《たし》かだよ。北斎《ほくさい》という絵師《えし》も人をおどろかす絵を描《か》くようだが、文晁先生には、かなうまい」

「いや、将軍さまがわざわざ招《まね》かれたのだからな。北斎も面白《おもしろ》い人間らしいぞ」

そこへ噂《うわさ》の主《ぬし》の二人が入ってきました。葛《かつ》飾北斎《しかほくさい》と谷文晁《たにぶんちょう》は、将軍《しょうぐん》の前で、即興《そっきょう》（その場ですぐつくる）で絵を描《か》くために招《まね》かれてやってきたのです。

文晁は、そのころすでに有名でしたが、北斎はただの町の絵師《えし》でした。

まず、文晁が描くことになりました。人々が見守るなかで、文晁は、またたく間《ま》に山と水のある自然の景色《けしき》を描きあげました。

「みごとな山水画《さんすいが》だ。うまいものだ」

将軍は満足そうにうなずきました。

さて、次は北斎の番です。

北斎は、人々の前に進みでると細長い紙を

広げ、はけでさっと藍色《あいいろ》の線を引きました。なにを始めるのかと人々が見つめる中で、今度は持ってきた篭《かご》から一羽の鶏《にわとり》を出すと、足に朱色《しゅいろ》の絵の具をぬって、ぽいと紙の上に放しました。鶏《にわとり》は、ぺたぺたと朱色の足跡《あしあと》を残して歩きました。

人々は、思わず声をあげました。

「おうっ、藍色の流れに、散《ち》り落ちた紅葉《もみじ》のすがたが描《えが》きだされているぞ！」

北斎《ほくさい》は、にっこり笑《わら》って頭を下げました。

「竜田《たつた》川の紅葉《もみじ》でございます」

「これは、たいした絵師《えし》だ」

将軍《しょうぐん》をはじめ、居並《いなら》ぶ人々は、すっかり

感心してしまいました。

このように、北斎《ほくさい》は、人をおどろかすことが大好きな絵師《えし》でした。

版木屋《はんぎや》の弟子《でし》に

北斎は、子どものころから絵を描《か》くことを好《この》み、紙と筆《ふで》があれば楽しそうにいつまでも一人で遊んでいました。そんな息子を見て父親は、

「大きくなったら有名な絵師の弟子にしてやろう。楽しみにしてろよ」

と、約束してくれましたが、北斎が十一歳《さい》のとき、とつぜん、病気で亡《な》くなってしまったのです。

夢《ゆめ》がやぶれた北斎は、暮《く》らしをささえるために、すすんで絵草紙屋《えぞうしや》（本屋）で働《はたら》きはじめました。

「絵がたくさん見られて、きっと楽しいさ」

と考えていましたが、現実《げんじつ》は厳《きび》しく、本を背負《せお》って売り歩く日々が続きました。

考えた末《すえ》、北斎《ほくさい》は、木に文字や絵を彫《ほ》る版木屋《はんぎや》に弟子《でし》入りしました。当時の印刷《いんさつ》は、みな、この木の版《はん》を使って、手で刷《す》る方法で行《おこな》われていました。版木屋《はんぎや》の親方は、北斎に仕事を教えて、その勘《かん》の良さにびっくりし、本気で教えはじめました。

「こら、ぼんやり彫るから間違《まちが》えたぞ！」

文句といっしょにげんこつがとんできます。しかし口ごたえは許《ゆる》されません。北斎はもくもくと彫りつづけ、腕《うで》はしだいに上達《じょうたつ》していきました。

本物の絵描《えか》きに……

絵を描くことがなによりも好きな北斎は、十九歳《さい》ごろから浮世絵師《うきよえし》の弟子《でし》となり、勉強をかさね、役者絵や美人画《びじんが》をさかんに描きました。

けれど、生活は貧《まず》しく江戸の町々《まちまち》を、唐《とう》がらしを売って歩いたり、ちょうちんやうちわの絵を描く内職《ないしょく》をして、絵を描きつづけました。

北斎《ほくさい》が五十八歳《さい》の秋のことです。

名古屋《なごや》の寺へと出かけていった北斎は、境内《けいだい》に畳《たたみ》百二十枚分もの大きな紙を用意するように頼《たの》みました。

集まった人たちは首をかしげました。

「人をおどろかすことの好きな北斎先生のこと。今度は、なにをやるつもりだろう」

人々の視線《しせん》が集まる中で北斎は、わらとしゅろのほうきを筆《ふで》がわりにして、ひと息になにかを描《か》きあげました。

「おっ、見事《みごと》な大だるまだ！」

なんと縦《たて》十八メートル、横十メートルのジャンボだるま絵を描いて、人々をあっといわせたのです。

また、ある時は米つぶに二羽《にわ》のすずめを描いてみせたりもしました。

北斎は、いつも新しいことを試《こころ》みては、人々をおどろかせました。

五十五歳のころから、漫画《まんが》を描き、大あたりしたこともありました。

くる日もくる日も描《か》きつづけ、掃除《そうじ》などをしたことはありません。家の中はごみだらけでも平気。眠《ねむ》くなれば、どこでもゴロリと寝てしまいます。風呂《ふろ》にもあまり入りません。

家の中がきたなくなると、よごしたまま、絵の道具と、ほんの少しの身のまわりの品《しな》を荷《に》車《ぐるま》につんで、さっさとほかに引《ひ》っ越《こ》してしまうのです。

こうして、北斎《ほくさい》は、生涯《しょうがい》で九十三回も引っ越しをしました。

北斎は、有名になってからも、いつも貧乏《びんぼう》でした。なぜなら、お金をおしまず、絵を描くための資料《しりょう》などを買い求めたからです。

こうして、ひたすら絵を描きつづけました。

「ああ、あと十年、いや五年……生きることができたら、本物の絵師《えし》になれただろうに」

一八四九年、四月十八日、葛飾北斎《かつしかほくさい》はため息をついて、浅草《あさくさ》の寺の仮《かり》の家で、九十歳《さい》の生涯《しょうがい》を閉《と》じました。

〝さまよえる湖《みずうみ》〟の謎《なぞ》にせまった探検家《たんけんか》

スウェン・ヘディン

――旅のはてに出会った古代の美《うつく》しい女王

不思議《ふしぎ》な湖《みずうみ》への旅《たび》

一九三四年四月五日、小舟《こぶね》は探検隊長《たんけんたいちょう》のスウェン・ヘディンと中国人の助手をのせて、中国のシンチャン省《しょう》のコンチェ河《がわ》を出発しました。

ヘディンのすぐ前には、机《つくえ》がわりの荷物箱があり、その上には地図を書く用紙、羅針盤《らしんばん》、時計、鉛筆《えんぴつ》などがおいてあります。

助手のチェンとクンは、すぐに仕事をはじめました。

スウェン・ヘディン

（1865～1952）

スウェーデン生まれの地理学者・探検家

15歳《さい》のころよりあこがれの探検家になることを心に誓う。

大学で地理学を学び、25歳のとき、国王から出資《しゅつし》された資金で中央アジアを旅する。そのころ、世界でも知られていなかったパミール高原や、熱砂《ねっさ》の海といわれるタクラマカン大砂漠にも出かける。

1899年、シンチャン方面を探検のさいに知ったロプノール湖《こ》に興味を持ち、中国西域《さいいき》にあった古代の大国、楼蘭《ろうらん》の遺跡《いせき》を発見。

87歳で故郷《こきょう》のストックホルムで死去《しきょ》。

地図に目印を書きこんだり、河《かわ》の深さや幅《はば》を計ったり、けっこういそがしそうです。

スウェン・ヘディンはスウェーデン生まれの探検家《たんけんか》です。

二十八歳《さい》のころから、アジアの魅力《みりょく》にとりつかれ、アジア各地を探検してまわっていました。

特に、若《わか》いころから中国のロプ砂漠《さばく》の北のほうにある、ロプノールという湖《みずうみ》（琵琶湖《びわこ》の約三倍の大きさ）に強い興味《きょうみ》をもっていました。

「ロプノール湖《こ》は、あるときには北に、また、南にあらわれる、さまよえる不思議《ふしぎ》な湖だ。なぜ、そんなことが起こるのだろう」

ロプノール湖や、アジアについて調査を重《かさ》ねるうちに、ヘディンはすでに六十九歳になっていました。

夕陽《ゆうひ》に赤く染《そ》まる空を見つめながら、ヘディンはしみじみとつぶやきました。

「水路からロプノール湖を調べるのが、夢《ゆめ》だった。その夢が実現《じつげん》した今こそ、謎《なぞ》を解《と》きあかしたいものだ」

小舟は、鏡《かがみ》のように静かな河《かわ》の流れに、運ばれていきます。船頭《せんどう》たちの歌声がひびきわたり、まるで絵のような美《うつく》しい光景でした。

遺跡《いせき》発見

夜は、河岸《かわぎし》にあがり、テントを張《は》ってキャンプし、朝早く、また小舟で河の旅を続けます。

出発して十五日目あたりから、景色《けしき》がそれまでと一変《いっぺん》し、荒《あ》れ果《は》ててきました。河底《かわぞこ》も浅《あさ》くなり、小舟は浅瀬《あさせ》に乗りあげて大騒《おおさわ》ぎです。

ところが、いく日《にち》かすると河は深くなり、

まわりに、緑が見られるようになりました。

「わたしの説《せつ》が正しいことを、この目で確かめる日は、もう近いぞ」

ヘディンは、満足そうに微笑《ほほえ》みました。

やがて、小舟隊が小さな分流《ぶんりゅう》に乗りいれ、広い水路に出たとき、望遠鏡《ぼうえんきょう》をのぞいていたヘディンは、船頭《せんどう》に命《めい》じました。

「遺跡《いせき》がある。船を岸《きし》によせろ」

ヘディンとチェンは船をおりると、まっすぐ長細い遺跡にむかって歩いていきました。

ヘディンは、自信たっぷりに言いました。

「この遺跡は、明らかに楼蘭《ろうらん》時代のものだ。千六百年以上はたっているぞ」

騒《さわ》ぐ声が聞こえてきたので、ヘディンが行ってみると、船頭《せんどう》たちが、掘《ほ》りかえした土をさかんに指《ゆび》さします。

「ほら、骸骨《がいこつ》です。土から出てきました」

土の中からは、骨《ほね》のほかに、弓《ゆみ》、櫛《くし》、木椀《もくわん》、竹製のヘアピン、革靴《かわぐつ》、絹布《けんぷ》、それに、美《うつく》しい刺繍《ししゅう》をした絹《きぬ》の財布《さいふ》などが出てきました。

ロプノール湖《こ》が水をたたえていた頃、緑あふれるこの町が、どれほど栄《さか》えていたかを、じゅうぶんに示《しめ》す品々でした。

現《あら》われた女王

とつぜん、ひとりの船頭《せんどう》が、叫《さけ》びました。

「あそこに、一つだけ、大きな墓《はか》が……」

ヘディンとチェンがそこへ行くと、船頭たちもついてきて、墓を掘《ほ》りはじめました。

泥《どろ》がとり除《のぞ》かれると、柩《ひつぎ》（かんおけ）があらわれました。

張《は》りついた粘土《ねんど》を苦労して取り、二枚の蓋《ふた》の板をそっとはがします。ヘディンが息をつめて見ていると、チェンをはじめ、船頭《せんどう》たちまでが口を閉じて、柩《ひつぎ》をのぞきこみます。

遺骸《いがい》は、頭から足まですっぽりと、毛布《もうふ》に包《つつ》まれていました。毛布は、もろくなっていて、ヘディンが、ちょっと触《さわ》っただけで、ボロボロとこぼれ落ちてしまいました。用心深く、頭の部分をとり除《のぞ》いたヘディンは、『おおっ』と声をあげました。

なんという美《うつく》しさ！　ミイラ化した皮膚《ひふ》は固《かた》くなっていますが、目鼻立《めはなだ》ちや顔の形は、まったく変わっていません。二千年近くも眠《ねむ》りつづけているというのに、唇《くちびる》のあたりには、微笑《ほほえ》みまで浮《う》かべています。ヘディンは心の中でつぶやきました。

(若《わか》くして死んだ、楼蘭《ろうらん》とロプノールの女王に違《ちが》いない。ああ、この美しい女王が、ロプノール湖《こ》が満々《まんまん》と水をたたえ、栄《さか》えたころの楼蘭のようすを、話してくれたら……)

そよ風が、柩《ひつぎ》の女王の長い髪《かみ》を、さらさらーっとなでて通りすぎていきました。

「女王さま、もう、お別れです」

ヘディンは、語りかけると、ていねいにそっと、柩《ひつぎ》を土中《どちゅう》に埋《う》めました。

水上生活四十一日で、ヘディンたちは、河《かわ》の主流が、ロプノール湖《こ》へ流れこむ地点までできました。

北のはしは、荒《あ》れ果《は》てていて草木もなく、まるで死の世界です。南へ進むと、水はしだいに浅《あさ》くなり、東の方は、海のように青々と輝《かがや》いていました。

「ああ、今、また湖《みずうみ》にふたたび水がよみがえってきているのだ」

水路の変遷《へんせん》を調べていたヘディンの予想《よそう》は、当たったのです。その予想とは、そそぎこむ河の流れの変更《へんこう》によって、つねに湖の位置や形が変わり、湖が南北へ移動しているというものです。

夜、毛皮《けがわ》のコートにくるまり、湖の岸《きし》に立ったヘディンは、空を見上げました。

「長い間の課題《かだい》を、やっと解《と》き明かすことができた。しかし、わたしの説《せつ》が正しいと証明《しょうめい》されるまでには数千年、いや、数十万年もかかるだろう。この月だけが証人《しょうにん》だ」

ロプノール湖《こ》は、月の光にきらめきながら、ひたひたと、波《なみ》の歌をスウェン・ヘディンの耳にささやいていました。

絵の世界に革命《かくめい》を起こした天才画家《がか》
パブロ・ピカソ
——「感動したこと、それがぼくの作品なんだ」

パブロ・ルイス・ピカソ
(1881～1973)
二十世紀を代表する画家

スペインのマラガに生まれる。子ども時代、美術《びじゅつ》教師の父をおどろかせる天才ぶりを発揮《はっき》。美術学校を卒業後、20歳《さい》代よりパリに住み、セザンヌなどの影響《えいきょう》を受ける。「青の時代」「バラ色の時代」をへて、立体派(キュビズム)を興《おこ》すなど、だいたんで新しい手法で美術界に大きな衝撃《しょうげき》を与えた。

反戦的大作『ゲルニカ』『戦争と平和』を制作、平和擁《よう》護《ご》運動にもかかわった。91歳《さい》で亡《な》くなるまで、若々しい情熱《じょうねつ》を失わず絵を描《か》きつづけた。

まるで生きているハト

パブロ・ピカソは、一八八一年、スペインのマラガ市で生まれました。父親は美術《びじゅつ》学校の絵の教師。その父親の影響《えいきょう》を受けたせいか、ピカソはおさない頃《ころ》から絵を描《か》くことが大好きでした。

ある日、こっそりと父親のアトリエに入ったピカソは目を丸くしました。

「わあ、ハトの絵がたくさんある。お父さんはハトが好きだなあ。おや、描きかけの絵があ

るぞ」

ピカソは、筆《ふで》をもつと、たちまちその絵を仕上げてしまいました。アトリエに入ってきた父親は、おどろきのあまり棒立《ぼうだ》ちになりました。

「なんて素晴《すば》らしいんだ。まるで生きているようじゃないか!」

その日から、父親は絵を描《か》くことをプッツリとやめてしまいました。

「絵を描くことは、おまえにまかせるよ」

ピカソは、学校は嫌《きら》いでしたが、絵を描くことだけは大好きで、一日中絵ばかり描いていました。

ピカソが十四歳《さい》になると、両親《りょうしん》は、美術《びじゅつ》学校の大人《おとな》だけの組に入れることにしました。

ところが、試験《しけん》に持っていく二枚の絵を、ピカソはちっとも描《か》こうとしません。

「早く描かないか。大人でも一ヵ月はかかるというのに、何をぐずぐずしているんだ」

父親が怒《おこ》ると、ピカソはすました顔で言ったのです。

「もう描いちゃったよ」

なんとピカソは、たった一日でむずかしい絵を二枚とも仕上《しあ》げてしまっていたのです。

美術学校に入学して二年後に描いた絵『科

学と慈愛《じあい》』は、美術《びじゅつ》展で金賞をかちとり、ピカソの才能《さいのう》は認《みと》められました。けれど、ピカソは浮《う》かない顔をしていました。

「人に描《か》かされる絵は、もうイヤだ！　新しい絵を描くために、ぼくは芸術《げいじゅつ》の都《みやこ》、パリへ行く」

パリに着くと、猛烈《もうれつ》ないきおいで絵を描きはじめました。心に感じると、すぐに筆《ふで》をとって絵にするのです。描かないではいられない気持ちでした。

ピカソの仕事ぶりは、友人の画家たちをおどろかせました。

「まだ、二十歳《さい》にもなっていないのに、一日に三点も描くなんて。ピカソは、なんてスゴイ奴《やつ》なんだろう」

そのころから、少しずつピカソの絵を理解《りかい》してくれる人が現《あら》われはじめました。けれど、絵は売れませんでした。生活はしだいに貧《まず》しくなり、寒《さむ》い夜は、せっかく描いた絵を、燃《も》やして温《あたた》まるありさまでした。

“青”と“バラ色”の時代

そのような苦しい日々をすごしていたピカソは、この頃から「芸術《げいじゅつ》は、哀《かな》しみと苦しみから生まれるものだ」と、考えるようになりました。そんなピカソの気持ちが、絵にも表われるようになりました。

「人間が生きるうえで、乗りこえなければならない哀《かな》しみ、苦しみ、そして淋《さび》しさを表わす色、それは“青”だ！」

当時、ピカソが描《か》いた絵は、後に「青の時代」と呼ばれています。

一九〇四年の二十三歳《さい》のとき、ピカソはあいかわらず貧《まず》しい暮《く》らしでしたが、心はうきうきしていました。なぜなら、恋《こい》をしていたからです。はずんだ明るい気持ちは、美《うつく》しいバラ色となって絵に表われました。これらの絵は、現在《げんざい》では「バラ色の時代」と呼《よ》ばれています。

一九〇七年、展覧《てんらん》会場でアフリカの彫刻《ちょうこく》を見たピカソはうなりました。

「うーん、これは面白《おもしろ》い！」

すっかり心をうばわれたピカソは、めずらしくいく日もかけて絵を仕上げると、友人を集めて胸《むね》を張《は》りました。

「どうだい。これこそ描《か》きたかった絵さ」

ところが、だれも口を開きません。やがて、一人が遠慮《えんりょ》がちに言いました。

「ひどいよ。子どものいたずら書きだよ」

しかし、ピカソの新しい絵を認《みと》める人も出てきて、「五十年間、あなたの絵を買いましょう」という画商《がしょう》まで現《あら》われました。

「今度の絵は、小さなキューブ（立方体《りっぽうたい》）を集めたようですね。あなたの絵を人は〝キュビズム〟と呼《よ》んでいますよ」

「どうぞ。なんとでも呼んで下さい」

そのころ、友人とローマへ旅立ったピカソはまた絵の形を変えました。人間の美《うつく》しさを、上品でわかりやすい線で表わすようになったのです。

「ピカソはキュビズムを捨《す》てたのか！」

非難《ひなん》する人々に、ピカソは、きっぱりと言ったのです。

「ぼくにとって、感動したこと、それが作品なんだ。ぼくは描《か》いた絵を壊《こわ》す。壊したものを集めたのが、ぼくの絵だ！」

平和のハトを求めて……

満《み》ち足《た》りた生活は続きませんでした。

戦争が起こったのです。

一九三七年四月、スペインの田舎町《いなかまち》、ゲルニカをドイツ軍が爆撃《ばくげき》し、多くの人が亡《な》くなりました。ピカソは、怒《いか》りをこめてすぐに大作『ゲルニカ』を描きました。ピカソは黙々《もくもく》と戦争の恐《おそ》ろしさをうったえる絵を描きつづけました。

一九四五年、戦争が終わり、ようやく平和がおとずれました。ピカソの絵から、みにくい怪物《かいぶつ》が姿《すがた》を消して、平和の証《あかし》のハトが現《あら》われるようになりました。

「ケ・ブエノ！　ケ・ブエノ！（すてきだ、すてきだ）」

ピカソは浮《う》かれて歌い踊《おど》ると、また猛烈《もうれつ》に絵を描きつづけました。おさない子どもの目でものを見て、おさない子どもが遊びで描《か》くように、絵を描きつづけました。

パブロ・ピカソは、一九七三年九十一歳《さい》で亡《な》くなるまでに、およそ数万点もの絵、版画《はんが》、彫刻《ちょうこく》などを残《のこ》したのです。

第2章

生涯《しょうがい》の仕事との出会い

棟方志功《むなかたしこう》

オーギュスト・ロダン

間宮林蔵《まみやりんぞう》

与謝野晶子《よさのあきこ》

ゴッホをめざした魂《たましい》の版画家《はんがか》

棟方志功《むなかたしこう》

——自然を愛《あい》する心から生まれた厚《あつ》い信仰心《しんこうしん》

ふってわいた大事件

棟方志功《むなかたしこう》が、青森市立尋常《じんじょう》小学校の六年生のときのことです。

教室で勉強をしていると、とつぜん、校門の外が騒《さわ》がしくなりました。

「たいへんだ、たいへんだあ！」

「それっ、あっちだ。別荘《べっそう》のほうらしいぞ」

人々が叫《さけ》び声をあげながら、あわただしく走っていきます。

棟方志功（むなかた・しこう）

（1903〜75）

青森県生まれの版画家

18歳《さい》のとき、ゴッホの絵に感銘《かんめい》し、油絵を習いはじめる。21歳で上京、帝展《ていてん》に出品するが落選がつづく。

25歳のころより版画《はんが》ひとすじにと決意。以後、意欲的に作品を出展し特選を得るようになる。さし絵などを描《か》き充実した年月をかさねる。42歳の時、空襲《くうしゅう》で家が焼け、版画の版木《はんぎ》をほとんど失うが、意欲的に制作をつづける。49歳でスイスで開催《かいさい》された国際版画展で、優秀賞受賞。同年に日本板画院《ばんがいん》設立。

57歳で左目がほぼ失明《しつめい》状態となるが、亡《な》くなる72歳まで多くの芸術的業績《ぎょうせき》をのこす。

「なにがおきたんだ？」

「よほどの大事件らしいぞ」

もう、勉強などそっちのけで、志功《しこう》たちは窓《まど》から身を乗りだしました。

あまりの騒《さわ》ぎに、先生が走っていく人にたずねました。

「なにがあったんですか？」

「落ちたんだよ、飛行機《ひこうき》が……」

「えっ！　あの飛行機が？」

志功たちは、いっせいに叫《さけ》ぶと、教室からとび出しました。

その飛行機とは、モーリス・ファルマン式といって、フランスからやってきました。エンジンもうしろ、プロペラも翼《つばさ》のうしろについた、トンボのような複葉型《ふくようがた》の機種《きしゅ》です。

今から九十年ちかくも前の、大正《たいしょう》のはじめの日本では、やっと飛行機が、実用化されはじめたばかり。志功たちが見る機会《きかい》などありませんでした。

そこで、前日、体育の時間に、轟音《ごうおん》を響《ひび》かせて頭上《ずじょう》をとび去《さ》っていった飛行機を、志功た

ちは、口をぽかんとあけて見つづけたのです。
その姿《すがた》が見えなくなると、みんな興奮《こうふん》で顔をまっ赤《か》にして言いあいました。
「すごいなあ。すごいなあ」

手につかんだのは……

その飛行機《ひこうき》が落ちた！

志功《しこう》たちは、夢中《むちゅう》で人々にまじって走っていきました。もう、だれもが飛行機のことで、頭がいっぱいでした。

どんどん走っていくうちに、田んぼへとやってきました。

目の前に小川《おがわ》が流れていました。級友《きゅうゆう》た

ちは、ヒョイヒョイと、小川をとびこえていきます。志功《しこう》も、同じようにヒョイと小川をまたぎました。

ところが、なにかにつまずき、ドッと、前のめりに倒《たお》れてしまいました。

実は、志功は、ひどく目が悪《わる》かったのです。そのために、足元にあったじゃまものに気づかなかったのでしょう。

ふっと、気がつくと、志功は、手にしっかりと何かをにぎっていました。

（なんだろう）

ゆっくりと手を開くと、それは、小さなまっ白い花……水草のおもだか草《そう》でした。

志功《しこう》の顔は、ひとりでにほころび、笑《わら》っていました。

(なんて、かわいい花なんだ! それに、なんて、静《しず》かなんだ……)

もう、飛行機《ひこうき》のことも、走っていく人々のことも、志功の頭の中から、すっかり消しとんでいました。

志功の胸《むね》に、あふれる思いがこみあげてきました。

「これが美《うつく》しいというものか」

自分で意識《いしき》しないうちに、志功は、手を合わせて拝《おが》んでいました。

「ああ、こんなきれいなもの、生まれさせたいな」

絵に描《か》きたい!

志功は、はっきりと、そう思ったのです。

ふかぶかと礼をして

小学校を卒業《そつぎょう》すると、鍛冶《かじ》の仕事を次兄《じけい》と組《く》んですることになりました。

鍛冶《かじ》は父の職業《しょくぎょう》でしたが、そのころには、父は、もう、仕事を辞《や》めていたのです。

そこで、一家《いっか》をやしなうために働《はたら》かなければなりませんでした。

けれど十六歳《さい》のとき、次兄《じけい》がほかの仕事をしはじめたので、志功《しこう》も鍛冶《かじ》を辞《や》めました。

さいわい、裁判所《さいばんしょ》にある弁護士控《べんごしひか》え所《じょ》のお茶くみなどをする、雑用係《ざつようがかり》の仕事がみつかり、志功は、おおはりきりで通《かよ》いはじめました。

はりきっているのには、わけがありました。

絵が描《か》けるからです。

志功は、朝、四時半に起き、裁判所へ出勤《しゅっきん》します。

まず、炭《すみ》で火をおこし、ヤカンをかけると、お湯《ゆ》が沸《わ》くまでに掃除《そうじ》をすませます。

「さあ、これでよし！」

それから、絵の具の箱《はこ》をもって、四キロほどはなれた公園へと出かけていくと、写生《しゃせい》を始めます。
一、二枚描くと、また四キロの道をもどって、雑用係の仕事に取り組むのでした。

公園で写生《しゃせい》をはじめてから、志功《しこう》は、かならず実行することがありました。

それは、写生をする前に、景色《けしき》に向かって、礼《れい》をするのです。

それから、描きおわって、仕事場にもどる時も、また、心の中で、

(ありがとうございました)

と、つぶやきながら、ふかぶかと頭をさげるのでした。

その後《ご》、ゴッホの絵に魅《み》せられた棟方志功《むなかたしこう》は、

「ワだば(私《わたし》は)、ゴッホのようになりたい」

と、画家になる決意を固《かた》めました。そして、意志《いし》を貫《つらぬ》くために上京《じょうきょう》し、靴《くつ》直しの注文取りや、納豆《なっとう》売りなどをしながら、画家への道へと、歩《あゆ》んでいくのです。

『考える人』を制作《せいさく》した近代彫刻家《ちょうこくか》

オーギュスト・ロダン

――劣等生《れっとうせい》を偉大《いだい》な彫刻家へとみちびいた姉《あね》の愛《あい》

あたたかい家族

「姉《ねえ》さん、ただいま！」

家に着《つ》くと、オーギュスト・ロダンは、はじめに最愛《さいあい》の姉《あね》、マリアに駆《か》けよりました。

「まあ、二年はなれている間に、ずいぶん背《せ》が伸《の》びたこと。ついにわたしを追《お》いぬいたのね」

「姉さんは、ちっとも変わらないね」

オーギュストの声を聞きつけて、両親《りょうしん》も居間《いま》にやってきました。

オーギュスト・ロダン

（１８４０〜１９１７）

フランス生まれの彫刻家《ちょうこくか》

入試《にゅうし》に３回失敗、入った美術《びじゅつ》学校は１７歳《さい》で退学。

２０歳で装飾《そうしょく》彫刻、鋳型工《いがたこう》の仕事をする。見習い修道士《しゅうどうし》となるが、１年で修道院を出て、劇場の装飾《そうしょく》を手がける。

２４歳で彫刻した『鼻《はな》のつぶれた男』は、このころの代表作。各地を旅して修業《しゅぎょう》をかさね『青銅《せいどう》時代』で認《みと》められる。するどい写実力《しゃじつりょく》で彫刻界に大きな波紋《はもん》を与える。

依頼されてバルザックの寝間着姿《ねまきすがた》の銅像《どうぞう》を制作、話題を呼ぶ。近代彫刻の道を開拓《かいたく》した功績《こうせき》により勲章《くんしょう》受章。

全作品をフランス政府に寄贈《きぞう》し７７歳で永眠《えいみん》。

「オーギュスト、帰ってきたの」

「待ってたよ」

にこにこしながら、両親もオーギュストに手をさしのべました。

（ああ、よかった。もっと、嫌《いや》な顔をされるかと思っていたのに……）

オーギュストは、胸《むね》をなで下ろしました。

実《じつ》は、叔父《おじ》が経営《けいえい》する学校の寄宿舎《きしゅくしゃ》から、もどされてきたのです。

二歳《さい》年上の姉、マリアはよく勉強をしましたが、オーギュストは、十一歳になっても、読み書きさえ、満足にできませんでした。

心配した両親は、父の弟が経営する学校の寄宿舎に、オーギュストを入れたのです。

二年後、叔父が、浮《う》かない顔でやってきました。

「兄《にい》さん、オーギュストは、寄宿舎から出した方がいいと思う」

「そんなにひどいのかね」

「いや、教えられた礼儀《れいぎ》などは、実にきちんと守るし、人への思いやりもある。ただ、だれとも親《した》しくしようとしない。いつも、運動場のすみに一人でいるんだ。それに、どうも、宿《しゅく》舎《しゃ》で、みんなと寝《ね》ることを、恐《おそ》れているようなんだ」

「ふーん、それで成績《せいせき》の方は？」

「図画には興味《きょうみ》をもっていて、目に入るものは、かたっぱしから鉛筆《えんぴつ》で描《か》いている。だが、書きとりや数学は、まるで駄目《だめ》。残念《ざんねん》ながら劣等生《れっとうせい》だ。もう、家にもどした方がいい」

叔父《おじ》のこんな勧《すす》めで、オーギュストは、家に帰ってきたのでした。

すばらしい出会い

（この劣等生の息子を、どんな仕事につかせたらいいものやら……）

真面目《まじめ》な、役人の父は悩《なや》みました。

そんな親の気持ちも知らず、オーギュストは、デッサンにはげんでいました。だれの意見にも耳を貸《か》さず、頑固《がんこ》にくる日もくる日も、デッサンを続けました。

そんなオーギュストの味方《みかた》は、ただひとり、姉のマリアだけでした。

「オーギュストが楽しんでいることを、どうか、取りあげないで、お父さん」

姉の説得《せっとく》のおかげで、オーギュストは、美術《びじゅつ》学校に入学することになりました。

入学はしましたが、はじめ、教室に入るのには、勇気《ゆうき》がいりました。

（みんな、生き生きしている。でも、ぼくは、勉強もできないし、やることも遅《おく》れている）

自信をなくしていたオーギュストは、ある日、いつものように、のろのろと学校へ行き、教室のドアを開けました。

そして、中をのぞいたとたん、オーギュストは、動けなくなってしまったのです。

そこの教室では、学生たちが、粘土《ねんど》を練《ね》りあげ、石膏《せっこう》を流しこんでいました。

オーギュストは、ふらふらと、教室に入っていくと、粘土を手に取り、腕《うで》、顔、足……それから、無我夢中《むがむちゅう》で、全身像《ぜんしんぞう》を作りあげました。

(ぼくがやりたかったのは、これだ！　ぼくは、彫刻家《ちょうこくか》になる)

オーギュストは、心の中で叫《さけ》んでいました。生涯《しょうがい》の仕事との、素晴《すば》らしい出会いでした。

このとき以来《いらい》、オーギュストは、一生変わらない情熱《じょうねつ》で、彫刻に打ちこんだのです。

歩きまわるモデルたち

オーギュスト・ロダンは、偉大《いだい》な芸術家《げいじゅつか》として、世《よ》に認《みと》められるようになりました。

すると、世間《せけん》の人たちは、興味本位《きょうみほんい》に、ロダンに、こんな質問《しつもん》をぶつけました。

「素晴《すば》らしい作品を、制作《せいさく》する秘術《ひじゅつ》は？」

ロダンは、こう答えます。

「なあに、ぼくは、ただ、モデルを写《うつ》したにすぎませんよ。つねに自然と接《せっ》し、つねに実物に近づこうと努《つと》める……それだけです」

けれど、ロダンの、モデルへの接《せっ》し方は、変わっていました。

アトリエには、何人もの男女のモデルたちがいて、自由に歩きまわったり、休んだりしているのです。

ロダンは、そうしたモデルたちから、目をはなさず、じっと見つめます。そして、動く筋《きん》肉《にく》のようすを、時間をかけて見つづけるのです。

やがて、女性のモデルが、何気《なにげ》なく髪《かみ》をかきあげたり、かがんだり、あるいは、男性のモ

デルが手を伸《の》ばし、物をつかんだ、その瞬間《しゅんかん》、

「そのままの姿勢《しせい》で！」

と、ロダンは叫《さけ》び、すぐに粘土《ねんど》をつかんで、素早《すばや》く、同じ姿勢の像《ぞう》をつくっていきます。

「普通《ふつう》、顔は、心の鏡《かがみ》と考えられています。けれど、身体《からだ》のどんな筋肉《きんにく》も、心の内の変化を表わさないものはない。身体のすべてが、喜《よろこ》びや悲しみを語《かた》り、安心も怒《いか》りも表わすのです。伸《の》ばした腕《うで》、胴《どう》だって、眼《め》や唇《くちびる》と同じくらい、やさしく微笑《ほほえ》むのですよ」

オーギュスト・ロダンは、そう言って、泥《どろ》のかたまりの粘土から、楽しそうに、素晴《すば》らしい傑作《けっさく》をつぎつぎと、生みだしていったのでした。

樺太《からふと》とアジア大陸間《かん》の海峡《かいきょう》を発見した

間宮林蔵《まみやりんぞう》

——測量《そくりょう》好きな少年に神さまが引きよせた幸運《こううん》な出会い

間宮林蔵（まみや・りんぞう）
（１７７５～１８４４）
常陸《ひたち》の国（現・茨城県《いばらき》）生まれの探検家

９歳《さい》で寺子屋《てらこや》に学ぶ。１５歳で江戸に出て村上島之允《しまのじょう》に師事《しじ》。２５歳で村上師《し》と北海道にわたり、ご用雇《やと》いとなる。函館《はこだて》で伊能忠敬《いのうただたか》と会い、測量術《そくりょうじゅつ》や緯度《いど》測定法を学び、伊能の弟子となる。

３４歳のとき、樺太《からふと》を探検、樺太が島であることを確認。以後、樺太とアジア大陸間は“間宮海峡《かいきょう》”と呼ばれる。この発見は他国から北海道を守ることに役立つと、高い評価を受けた。日本中を歩き、７０歳で亡《な》くなるまでに『大日本沿海輿地《よち》全図』『北蝦夷《えぞ》図説』など日本の正確な地図を刊行《かんこう》。

両親自慢《りょうしんじまん》のかしこい子

間宮林蔵《まみやりんぞう》は、庄兵衛《しょうべえ》とクマ夫妻《ふさい》にとって、自慢の息子《むすこ》でした。

「なあクマ、わが子のことをほめるのもなんだが、林蔵はかしこいと思わないか」

庄兵衛は、目を細めて、すやすやと眠《ねむ》っている林蔵を見ながら、クマに問いかけました。

「ええ、そりゃあ、この子のかしこいことといったら……こんなにおさないのに、もう、わたしの言うことは、なんでも分かります。それに、この子は、とても力があるんですよ。将《しょう》来《らい》が楽しみですねえ」

「ああ、この子には、なんでも好《す》きなことをやらせてやろう」

「そうですね。林蔵《りんぞう》は、なにしろ間宮家《まみやけ》の大事な一人息子ですからね」

夫妻《ふさい》は、満足《まんぞく》そうにうなずき合いました。

結婚《けっこん》して十年、夫妻は、子どもに恵《めぐ》まれませんでした。そこで、あらゆる神に祈《いの》り、ようやく長い間の望《のぞ》みがかない、林蔵がさずかったのです。

一七七五年、林蔵は、常陸《ひたち》の国（現在の茨城県《いばらきけん》）筑波郡《つくばぐん》に生まれました。

父の職は農業でしたが、おけや樽《たる》のまわりにはめる輪《わ》を作る、箍屋《たがや》もかねていました。両親の愛《あい》を一身《いっしん》に受けて、林蔵は、元気にのびのびと育ちました。

夏、林蔵は、家の近くを流れている、小貝川《こかいがわ》で泳ぐのが大好きでした。

そして、両親が予想《よそう》した通り、かしこい子として近所でも有名でした。

とつぜん行方不明《ゆくえふめい》に

九歳《さい》になると、両親は、林蔵《りんぞう》を村の寺子屋《てらこや》で学ばせることにしました。読み、書き、そろばんが、主《おも》な勉強でしたが、林蔵が好《この》んだのは、算術《さんじゅつ》……特に数や量を調べることでした。

もちろん遊《あそ》ぶことは、なによりも好《この》みましたが、林蔵の遊びは、ちょっと変わっていたのです。

長い竿《さお》をもつと、友だちをつかまえ、

「おい、いつもの遊びやろう」

と、誘《さそ》います。

「ええっ、また、あれか……たまには、違《ちが》うことして遊ばないか」

友だちは、いささかうんざり顔ですが、林蔵は、さっさと先にたって、川や林へと向かうのです。そして、竿《さお》を使って、木の高さとか川の幅《はば》や深さ、道の遠近《えんきん》などを、それは熱心《ねっしん》に計るのでした。

「なあ、こんなことが、面白《おもしろ》いのか」

ある時、友だちがたずねると、林蔵《りんぞう》はにっこりして答えました。

「ああ、楽しい！　なによりも楽しいよ」

十三歳《さい》のとき、林蔵は、村の大人《おとな》にまじって、筑波山《つくばさん》にお参《まい》りに行きました。

その夜、一行《いっこう》が宿《やど》で眠《ねむ》りにつこうとすると、林蔵の姿《すがた》がありません。

「さっきまで、そこにいたのだが、いったいどこへ行ったんだ」

「子どものことだ、なあに、すぐに帰ってくるだろう」

ところが、夜がふけても戻《もど》ってきません。大人たちは、手分《てわ》けをしてさがしに出ましたが、どこにもいないのです。

うっすらと夜が明けはじめた頃、林蔵は、元気な足どりで帰ってきました。

「どこへ行っていたんだ！」

村人がどなりつけると、林蔵は、ケロリとした顔で答えました。

「洞窟《どうくつ》で祈《いの》ってました」

「なに、祈っていただと？」

「ええ、どうか、えらくなりますように、立《りっ》身出世《しんしゅっせ》しますようにって。ローソクをともして祈れば、願いがかなうって聞いたから、それで、一晩中《ひとばんじゅう》祈っていたんだ」

「ふ――ん」

大人たちから、驚《おどろ》きの声があがりました。

「まだ小さな子どもなのに、一晩中とはなあ……よくも、まあ、あのまっ暗《くら》な洞窟《どうくつ》に、夜じゅういられたもんだ」

「それほど、えらくなりたいってことか」

若い役人との出会い

やがて、林蔵《りんぞう》は、小貝《こかい》川をせきとめて堰《せき》をつくる工事に、興味《きょうみ》を示《しめ》すようになりました。

「なんて面白《おもしろ》いんだろう」

一日中、見ていてもあきません。そのうち見るだけではつまらなくなり、とうとう、自分から、手伝いを申《もう》しでたのです。

「よし、では使い走りなどしてくれ」

林蔵は、すすんで雑用など、手助けをするようになりました。すると、工事人《こうじにん》の間で、

「あいつは気がつくし、頭の回転《かいてん》もよい」

と、なかなかの評判《ひょうばん》になりました。

ある時、若い役人《やくにん》がやってきました。

村上島之允《しまのじょう》といって、幕府《ばくふ》の命令《めいれい》で、関東《かんとう》各地の地理調査をしていました。村上は、雑用を手際《てぎわ》よくこなす林蔵《りんぞう》に目をつけました。

「工事の者たちから、お前のことを聞いた。どうだ、わたしの手伝いをしないか。そして、いっしょに諸国《しょこく》を調査《ちょうさ》して歩かないか」

「えっ、いろんな国へ行かれるんですか?」

林蔵はおどりあがると、すぐに両親の説得《せっとく》にかかりました。はじめ反対していた両親も、林蔵の熱意に負け、ついに承諾《しょうだく》したのです。

この時、間宮林蔵《まみやりんぞう》は、後《のち》に、樺太《からふと》に渡《わた》り、アジア大陸との間の海峡《かいきょう》(間宮海峡《まみやかいきょう》)を探検《たんけん》する、第一歩をふみだしたのでした。

深い想《おも》いを歌いつづけた歌人《かじん》

与謝野晶子《よさのあきこ》

――感受性豊《かんじゅせいゆた》かな少女がえらんだ表現《ひょうげん》の道

祝福《しゅくふく》されない子

一八七八年十二月七日、大阪の堺《さかい》市甲斐《かい》町にある老舗《しにせ》の和菓子《わがし》店、『駿河《するが》屋』の店先では、店主《てんしゅ》の鳳宗七《ほうそうしち》が、落ちつかないようすで、奥座敷《おくざしき》のほうを気にしていました。

やがて、奥座敷から、お手伝いの女性が走りでてきました。

「旦那《だんな》さん、お生まれになりました！」

「そうか！　それで、男、女どっちだ？」

与謝野晶子（よさの・あきこ）

（１８７８～１９４２）

大阪生まれの歌人

堺《さかい》女学校を卒業後、家業《かぎょう》の和菓子《わがし》店の帳簿《ちょうぼ》つけをしながら、古典や歴史書などの読書に熱中。

１７歳より和歌を詠《よ》みはじめる。２１歳で文学の会に入り機関誌《きかんし》に作品を発表。翌年、詩人で歌人の与謝野鉄幹《よさのてっかん》と知りあう。鉄幹の才能と人柄《ひとがら》に魅《ひ》かれ結婚。２３歳で第１歌集『みだれ髪《がみ》』を刊行。２６歳の時、日露《にちろ》戦争に出兵《しゅつぺい》した弟の身を案じてうたった『君死にたまふことなかれ』を発表する。４１歳までに１２人の子どもを出産。歌集、小説、評論《ひょうろん》、古典鑑賞《かんしょう》手引書、童話集など多数を出版し、６３歳で亡《な》くなる。

「女子《おなご》さんです。お目出《めで》とうございます」

「そうか、女子だったか」

宗七《そうしち》は、いかにもがっかりしたように、きせるにきざみ煙草《タバコ》をつめ、吸《す》いはじめました。

「旦那《だんな》さん、赤ちゃんにお会いにならんのですか？」

「ああ、後でいいわ」

宗七は、ぶっきらぼうに答えました。

実は宗七は、男の子を強く望《のぞ》んでいました。なぜなら、二ヵ月ほど前にかわいいさかりの次男《じなん》を、思いがけない事故《じこ》で亡《な》くしていたからです。

(今度生まれてくる子は、亡くなったあの子の、生まれ変わりの男の子であってくれ！)

祈《いの》りつづけていたのに、女の子だとは……

宗七のひどい落胆《らくたん》ぶりをみて、妻のつねの心は、深く傷《きず》つきました。

それがもとで出産後《しゅっさんご》の数ヵ月は、腰《こし》も立たなくなり、お乳《ちち》もとまってしまったのです。

そこで〝志《し》ょう〟(後年《こうねん》、自分で晶子《あきこ》と名のる)と名付《なづ》けられた女の子は、やせ細って、昼も夜も、ぴいぴいと高い声で泣き通すようになってしまいました。

つねは気をつかって、晶子《あきこ》を同じ市内に住む、妹《いもうと》の家に預《あず》けました。そして、夜になると会いに行き、夜泣《よな》きする晶子を抱《だ》いて、ほおずりしながら言い聞かすのでした。

「ゆるしてなあ、いまに、きっと迎《むか》えにくるからなあ」

学校恐怖症《きょうふしょう》

二年たって、弟《おとうと》が生まれました。それで、ようやく父の気持ちもなごみ、晶子は生家《せいか》にもどることができました。生まれた時から、姉《あね》を助ける形になったこの弟は、生涯《しょうがい》晶子のよき理解者《りかいしゃ》であり、協力者《きょうりょくしゃ》となりました。

父は、それからも晶子を、あまりかわいがりませんでした。けれど、晶子が利口《りこう》であることは、認《みと》めていました。そこで、こう考えたのです。

（この子は、早くから学校へ入れて、この市内でも名の通った商店の娘《むすめ》として、はずかしくない教養《きょうよう》を、身につけさせてやろう）

父は、さっそく満《まん》三歳《さい》四ヵ月の晶子《あきこ》を、小学校に入れる手続きをとりました。

「志《し》ょうは、かしこい子やさかい。ちゃんと、先生のいわれることを、覚《おぼ》えてくるんやで」

父にこんこんと言いふくめられて、晶子は小学校へ出かけていきました。

ところが、見まわすとみんな自分より大きい子ばかり。それに晶子は、とても内気《うちき》な子だったので、それまで、外で他の子と遊ぶこともなかったのです。

とつぜん、見知らぬ建物《たてもの》、見知らぬ人たちの中におかれた晶子は、顔も上げられずに、じーっとうつむくばかりでした。

少しの間がまんしていましたが、とうとう晶子《あきこ》は、泣《な》きながら家に帰ってしまいました。

「学校は嫌《きら》いや。学校はこわい、こわい！」

それからは、父がどんなに説得《せっとく》しても、晶子の学校恐怖症《きょうふしょう》は治《なお》りませんでした。

「仕方《しかた》ない。おさなすぎたんやなあ」

父も、しぶしぶあきらめました。

六歳になって、晶子は改《あらた》めて小学校に入学しました。その時には、もう、学校恐怖症《きょうふしょう》はなくなっていました。

文学への自信《じしん》

一八八八年、小学校四年（当時は四年制）

の課程《かてい》を終《お》え、十歳《さい》になった晶子《あきこ》は、堺《さかい》女学校に入りました。

女学校に、小田清雄《すがお》という国語の教師がいました。晶子が書く文章を見た小田先生は、

「あなたには、文学の才能がある」

と言って、なにかとはげましたり指導《しどう》してくれたりしました。

本を読むことや、作文が大好きだった晶子にとって、小田先生の言葉は、文学の道へ入る、大きなきっかけに、そして、支《ささ》えとなりました。

晶子は、ますます読書に熱中《ねっちゅう》するようになりました。父が愛読《あいどく》していた本を、かたっぱしから読み、むずかしい長編小説《ちょうへんしょうせつ》も、読みこなすようになっていったのです。

特に、晶子の心をとらえたのは、『源氏《げんじ》物語』でした。まだ十二、三歳の少女には、とても無理《むり》な、長くてむずかしい物語です。

それを晶子は、注釈書《ちゅうしゃくしょ》をたよりに、とうとう独学《どくがく》で読みあげてしまいました。

読書に熱中していた晶子に、思わぬ仕事がまわってきました。

長年、店の帳簿《ちょうぼ》をつけていた姉《あね》が、結婚《けっこん》することになり、その後を、晶子が引きつぐこと

になったのです。

晶子《あきこ》は、小学校のころから作文と並《なら》んで、算数が得意《とくい》でした。そこで、姉が嫁《とつ》いだ後、十年ほどの年月を、店の中心となって働《はたら》くという重荷《おもに》が、晶子の肩《かた》にかかってきたのです。

店で働き、少しでも時間があると、せっせと本に読みふける……そんな日々のなかで、ふいに晶子は、心からあふれそうな想《おも》いを、なにかの形で表現《ひょうげん》したくなりました。

「そうだ、歌で、この気持ちを表わそう！」

この時、与謝野晶子《よさのあきこ》は十七歳《さい》。深い心のうちを、みごとに歌いあげる歌人《かじん》としての第一歩を、ふみだしたのです。

第3章

自分のこころに正直に

ヘンリー・フォード

ドヴォルザーク

松尾芭蕉《まつおばしょう》

豊《ゆた》かな想像力《そうぞうりょく》と信念《しんねん》で自動車王となった

ヘンリー・フォード

――「誰《だれ》もが持てる自動車をつくってみせる！」

ヘンリー・フォード

（１８６３～１９４７）

アメリカ生まれの技術者《ぎじゅつしゃ》・実業家《じつぎょうか》

８歳《さい》で近くの小学校に入学。卒業後、父の農場を手伝う。１７歳でデトロイトへ行き機械工場の見習い工、夜は時計の修理工として働《はたら》く。

２５歳で結婚《けっこん》、３年後にエジソン照明会社に就職する。

３３歳の時、２気筒《きとう》の１号車を走らせる。５年後、競争用自動車を作り、カー・レースに出て優勝する。

３９歳でフォード自動車会社を設立。流れ作業方式で一般の人々にも購入《こうにゅう》できる大衆車《たいしゅうしゃ》を生産。５１歳の時、生産台数《だいすう》世界一となる。

８３歳のとき自宅で死去《しきょ》。

母の言葉

十二歳《さい》の春、ヘンリー・フォードにとって、生涯《しょうがい》忘《わす》れられない出来事が起こりました。最愛《さいあい》の母が亡《な》くなったのです。父は、沈《しず》みこむヘンリーをそばに呼《よ》ぶと言いました。

「ヘンリー、わたしも、どうして良いかわからないほど悲しい。しかし、なんとか立ち直ろうとしているんだよ。お前もしっかりしてほしい。五人の弟妹《きょうだい》たちは、長男のお前を頼《たよ》りにしているのだからね」

じっと聞き入るヘンリーに、父はさらに続けました。

「それにお前は、農場の跡取《あとと》りだ。わたしの手助けもしてほしい。いいね？　頼《たの》んだよ」

ヘンリーは、涙《なみだ》をぐっとこらえて、うなずきました。

ヘンリーは、機械《きかい》をいじるのが大好きでしたが、父に頼まれてからは、それまで嫌《きら》いだった、農場の仕事も手伝うようになりました。

そこで、機械いじりをするのは、いつも夜の食事が終わってからです。

機械をいじっていると、ヘンリーの耳に、生前《せいぜん》の母のあたたかい声が聞こえてきます。

『いいこと、ヘンリー、人が生きていくために大切なこと、それは、家庭が幸《しあわ》せであること、そして嘘《うそ》をつかないことよ』

（ママの言葉は、絶対《ぜったい》に忘れないぞ）

ヘンリーは、母の言葉を、しっかりと胸《むね》に刻《きざ》みこむのでした。

車との出会い

ある日、ヘンリーは、父とともに荷馬車《にばしゃ》に農作物《のうさくぶつ》を積《つ》んで、デトロイトへ向かいました。デトロイトは、ヘンリーが暮《く》らす村から、十五キロほどはなれた、アメリカでも五つの指《ゆび》に入るくらいの大都市《だいとし》です。途中《とちゅう》で、ヘンリー父子《おやこ》が乗った荷馬車は、変わった車に出会いました。

「おかしな車だなあ。馬がいない……」

不思議《ふしぎ》に思ったヘンリーは、荷馬車からとびおりると、変わった形の車にかけより、乗っている男の人（技師《ぎし》）にたずねたのです。

「この車は、どのようにして動かしているの

ですか?」

技師は、笑《わら》いながら、「蒸気《じょうき》で動かしているのさ」と、答えると、ボイラーに石炭《せきたん》をくべて、実際《じっさい》に車を動かして見せてくれました。

「へえ——」

荷馬車にもどってからも、ヘンリーの興奮《こうふん》は、おさまりませんでした。

(蒸気エンジン車か。あれがあれば、もう、馬や牛の力を借《か》りなくてすむんだ。それに、ああいう車があれば、もっと、大勢《おおぜい》の人たちが、楽に荷物を運ぶことができるぞ)

機械《きかい》いじりが大好きなヘンリーは、新しい車のしくみが、知りたくてたまりませんでした。

父は、そんなヘンリーを、ちらりと横目でみてから、そっけなく言いました。

「ぐずぐずしてると、新鮮《しんせん》な野菜がしなびてしまうぞ。さあ、行くぞ！」

新しい世界への旅立ち

十七歳《さい》になったある夜、農場での仕事を終《お》えたヘンリーは、いつものように、寝室《しんしつ》の窓《まど》の下においた作業台の上の機械《きかい》いじりに、取り組みはじめました。

いつもなら、機械を前にすると眠気《ねむけ》がさめて、しゃんとします。それが、どうしたことか、頭の中がぼんやりして、機械に集中できません。

（今日の取り入れは、特にいそがしかったからなあ。ああ、すっかり疲《つか》れてしまった）

しばらく、ぼーっとしているうちに、ヘンリーの胸《むね》に、怒《いか》りのような、あせりのような感情がわき上がってきました。

「自分が本当にやりたいことをおさえて、今は、いつわりの日々をおくっているんだ」

ヘンリーは、すぐに居間《いま》にいる父のもとへ行くと、正直に自分の気持ちを伝えたのです。

「ママは、生きていく上で大切なことは、嘘《うそ》をつかないことだと教えてくれた。今、ぼくは、自分をだまして生きているような気がする。パパ、どうかわかって！」

必死《ひっし》にうったえるヘンリーに、父は、大きく首を横にふりました。

「いや、ヘンリー、それは違《ちが》うよ。これまで通り、農場の仕事をコツコツやっていれば、苦労しないで生きていける。わたしの跡《あと》を継《つ》ぐことが、幸《しあわ》せへの近道だ」

「ぼくは、機械《きかい》や蒸気《じょうき》エンジンの車のことなどを、学びたいんです」

「そんなこと、農業をする者に必要ないよ」

「いいえ、これからは、機械の時代になる。機械化すれば、農業にかかる時間もぐんと減《へ》るでしょう」

考えに考えた末、ヘンリーは決意しました。

（こうなったら、信念《しんねん》を貫《つらぬ》くしかない）

ヘンリーは、そっと家を出たのです。デトロイトの機械工場で、見習《みなら》い工《こう》となったヘンリー・

フォードは、昼も夜も働《はたら》きつづけました。仕事に追《お》われるよりも、いつも仕事を追いかける日々が楽しくてたまりませんでした。

そして、自動車王への道を、まっすぐに歩みはじめたのです。

名曲『新世界交響曲《こうきょうきょく》』の作曲者

ドヴォルザーク

——失敗《しっぱい》は成功《せいこう》のもと

アントニン・ドヴォルザーク

（1841～1904）

チェコの国民音楽を築《きず》いた音楽家

１６歳《さい》でプラハで本格的《ほんかくてき》に音楽教育を受けはじめる。名声を得《え》るまで、ダンス楽団《がくだん》やオペラのヴィオラ奏者《そうしゃ》として生活費《ひ》を稼《かせ》ぐ。

３２歳で賛歌《さんか》『白山の後継者《こうけいしゃ》たち』を初演《しょえん》。成功《せいこう》をおさめて、社会的にも認《みと》められる。同年に結婚《けっこん》、いっそう創作意欲《そうさくいよく》に燃《も》え『スラブ舞曲《ぶきょく》』などを作曲。

５１歳でニューヨークの音楽院院長に就任《しゅうにん》。滞在《たいざい》中『新世界交響曲《こうきょうきょく》』を作曲。その後プラハ音楽院院長となる。

オペラ『アルミーダ』初演後、６２歳で他界《たかい》。

音楽が大好き！

（ああ、なんて美《うつく》しい調《しら》べなんだろう！）

アントニン・ドヴォルザークは、裏庭《うらにわ》の壁《かべ》によりかかって、流れてくる音楽に、うっとりと聞き入っていました。

アントニンの家は、宿屋《やどや》です。

今、庭で、宿泊《しゅくはく》するお客の音楽団員《だんいん》たちが、明日の興行《こうぎょう》を前に、稽古《けいこ》をしていました。

(明日は、ぜひ聞きに行こう。ああ、楽しみだなあ)

そう思いながら、ふと目を上げると、二階の窓辺《まどべ》に人影《ひとかげ》が見えました。

(あっ、お父さんも聞いている。やっぱりな。うふっふっ……)

アントニンは、思わずふくみ笑いをしてうなずきました。

アントニンの父は、宿屋《やどや》のほかに、肉屋も営《いとな》んでいましたが、かなりの音楽好きでした。

もっとも、アントニンの生まれた、チェコのボヘミア地方(現在のミュールハウゼン)は、音楽を愛《あい》し、演奏《えんそう》する人が多く、〝音楽の国〟

といわれているほどでした。
ですから、アントニンや父の音楽好きは、この地では、決してめずらしくはなかったのです。

音楽を学ぶ日々

成長《せいちょう》とともに、アントニンは、ますます音楽が好きになっていって、とうとうある日、小学校の先生に自分から頼《たの》みにいきました。

「先生、ぼく、どうしても音楽が習いたいんです。どうか教えてください」

先生は、アントニンの目をじっと見つめてから言いました。

「本気だね、アントニン。ただ、本当の音楽家になるのは、簡単《かんたん》なことではないよ。なにしろこのボヘミアでは、出会う旅人の二人目は、バイオリン弾《ひ》きだといわれるぐらい、音楽家が多いのだからね」

「はい、先生。でも、ぼくは、聞いているだけではなく、自分で演奏《えんそう》したいんです。だからお願いします」

みずから志願《しがん》しただけあって、アントニンは練習にはげみました。

そして、十二歳《さい》のとき、少しはなれた町に住む叔父《おじ》のもとで、さらに、本格的《ほんかくてき》に音楽教育を受けることになったのです。

教会のオルガン奏者《そうしゃ》などから教えを受け、その後も修業《しゅぎょう》をかさねてから、故郷《こきょう》へともどりました。

「父さん、ただいま」

「おう、アントニン、会わない間に、ずいぶん背《せ》が高くなったじゃないか。音楽のほうも、ずいぶん力をつけたんだろうな」

アントニンは、自信《じしん》ありげに、笑《わら》ってうなずきました。

父は、そんなアントニンを頼《たの》もしそうに見ていましたが、やがて、パシッと手をたたくと言ったのです。

「そうだ、祭《まつ》りでお前の曲を演奏《えんそう》するといい。町の人たちに聞いてもらうんだ」

成功《せいこう》へつなげた失敗《しっぱい》

祭りの日、大勢《おおぜい》の人が集まってきました。

なんといっても、音楽好きの町の人々の興味《きょうみ》の中心は、アントニンの音楽の初《はつ》演奏でした。

「とにかく、アントニンは、親元からはなれてまで、ほかの町で何年も修《しゅ》業《ぎょう》を続けたんだ。わが町の音楽家の卵《たまご》が作曲した曲は、なにをおいても、聞かなければなあ」

「曲は新作でポルカ（チェコの民族舞踊《みんぞくぶよう》・舞曲《ぶきょく》）だそうだ。ほら、ご覧《らん》よ。アントニンの父親の嬉《うれ》しそうな顔を……」

「今日は、早くから肉屋も、宿屋《やどや》も閉《し》めて、ああして一番前の席《せき》で時間がくるのを、ずっと待っているんだよ。やっぱり親だねえ」

人々が噂《うわさ》をする中、いよいよ祭《まつ》りのクライマックス、演奏《えんそう》の時がやってきました。アントニンも、期待《きたい》と不安の入りまじった顔で、じっと立っています。

演奏する楽隊《がくたい》が並《なら》ぶと、人々は、しーんと静《しず》まりかえりました。指揮者《しきしゃ》がさっと指揮棒《ぼう》を振《ふ》りあげ、軽妙《けいみょう》なポルカが流れ……てくるはずでした。ところが違《ちが》ったのです。

耳をふさぎたくなるような、不協和音《ふきょうわおん》がとどろいたのです。

「な、なんだ、この音は!」

「やめろ! 気分が悪《わる》くなる」

人々の口から、口ぎたなくののしる声がとびかい、大騒《おおさわ》ぎになりました。

初《はつ》演奏会は、大失敗《だいしっぱい》に終わりました。

それはアントニンが、楽器《がっき》によってメロディーのキー(調《ちょう》)を変えなければならないという、初歩的《しょほてき》な知識《ちしき》を知らなかったために起こった出来事でした。

「こんなはずかしい思いをしたのは、初《はじ》めてだ。これまで勉強しながら、ポルカひとつ作曲できないとは！　お前には才能《さいのう》がないのがわかった。もう、音楽はやめて、肉屋を継《つ》げ」

父は、強く言い渡《わた》しました。しかし、アントニンはきっぱりと言ったのです。

「力不足だったことは認《みと》めます。でも、ぼくは音楽を続けたい。こんなことが、二度と起こらないように、精《せい》いっぱい努力《どりょく》しますから、どうか音楽をやらせてください」

熱意《ねつい》あふれる懇願《こんがん》に、ついに父は折《お》れました。

念願《ねんがん》がかない、十六歳《さい》で首都《しゅと》プラハの寺院《じいん》のオルガン学校に入学したアントニン・ドヴォルザークは、努力をかさね、後《のち》に『新世界交響曲《こうきょうきょく》』など、世界的な名曲を作曲するのです。

『おくのほそ道』などで名高い旅の俳人《はいじん》

松尾芭蕉《まつおばしょう》

——悲《かな》しみを乗りこえて花開かせた才能《さいのう》

お小姓《こしょう》に選ばれて

藤堂家《とうどうけ》に向かう金作《きんさく》（後《のち》の松尾芭蕉《まつおばしょう》）少年の胸《むね》は、大きく高鳴《たかな》っていました。

（良忠《よしただ》さまって、どんなお方だろう）

金作は、伊賀《いが》の国《くに》（現在の三重《みえ》県西部）小田郷《おだごう》の松尾与左衛門《まつおよざえもん》の次男《じなん》として生まれました。

松尾家は、平 宗清《たいらのむねきよ》の子孫《しそん》で格式《かくしき》は高かったのですが、金作が生まれたころは、それほど貧《まず》しくはない、中 流《ちゅうりゅう》の農民だったようです。

松尾芭蕉（まつお・ばしょう）

（1644〜94）

伊賀《いが》の国（現・三重《みえ》県）生まれの俳人《はいじん》

２９歳《さい》で江戸に出る。水道の工事に関係しながら深川《ふかがわ》のそまつな庵《いおり》で質素《しっそ》に暮《く》らす。禅《ぜん》や中国の思想を学び、さび、におい、ひびき、かるみなどのことばに象 徴《しょうちょう》される美《び》をめざし、俳諧《はいかい》の理想とされる独特《どくとく》の形式を確立《かくりつ》。俳諧の門人の援助《えんじょ》で句会《くかい》をもよおし、句集《くしゅう》も刊行《かんこう》。

３８歳より芭蕉を俳号《はいごう》に用いる。４１歳で弟子と句会をかさねながら日本各地を歩き『野ざらし紀行』などの旅行記を刊行。「古池や蛙《かわず》飛び込む水の音」は４３歳の時の句。５１歳で『おくのほそ道』を書き上げた後、大阪にて病 没《びょうぼつ》。

金作《きんさく》はおさない頃《ころ》から、父や兄から手習《てなら》い（習いごと）をうけていましたが、地元では、

「金作には、文才があるようだ。大人も顔負けの句《く》を詠《よ》む、たいした子どもらしい」

と、もっぱらの噂《うわさ》でした。

噂は、藤堂藩《とうどうはん》の武将《ぶしょう》の一人、伊賀《いが》の藤堂新七郎良精《よしきよ》の耳にもとどきました。

（そんなすぐれた子どもなら、わが子にもきっと、よい影響《えいきょう》を与えるだろう）

そう考えた良精《よしきよ》は、三男《さんなん》の良忠《よしただ》の小姓《こしょう》（身のまわりの雑用《ざつよう》をする少年）として、金作を屋敷《やしき》にむかえることにしたのです。

良忠は金作より二歳《さい》年上でした。

良忠の相手としてむかえられた時、金作は十歳。

いくらすぐれているといっても、まだまだあどけなさが残《のこ》る子どもです。

（良忠さまのお相手をするって、なにをするんだろう。それに、どんな話をすればいいのか、句《く》の話だけではつまらないし……武将《ぶしょう》の家って、いろいろと厳格《げんかく》で、堅苦《かたくる》しいんだろうな）

金作は、嬉《うれ》しさと緊張《きんちょう》の入りまじった、複雑《ふくざつ》な気持ちで、藤堂家の屋敷《やしき》の門をくぐりま

した。

ところが、心配するほどのことはなく、金作《きんさく》にとって、藤堂家《とうどうけ》の居心地《いごこち》は悪《わる》くありませんでした。

金作の他にも小姓《こしょう》がいましたが、良忠《よしただ》は、金作を大変に気に入り、まるで弟のようにかわいがってくれたのです。

小小姓《こしょう》から中小姓《ちゅうごしょう》へ

机《つくえ》をならべて厳《きび》しい先生に学び、武芸《ぶげい》で腕《うで》をみがく日々でしたが、たまには屋敷《やしき》の庭で、鬼《おに》ごっこやかくれんぼをしたり……遊ぶ時には、身分《みぶん》の差など、すっかり忘《わす》れ、夢中《むちゅう》になりました。

子どもの時代がすぎると、金作は、藤堂家の御台所用人《みだいどころようにん》を命《めい》じられました。

御台所用人の任務《にんむ》は、けっしてあまいものではなく、文筆《ぶんぴつ》や実務的《じつむてき》な才能《さいのう》がないと勤《つと》まらないのです。金作の日頃の俳句《はいく》の学びぶりや、すぐれた才能《さいのう》を見こまれて、

「金作《きんさく》にならその能力《のうりょく》が充分《じゅうぶん》にある」

と、当主《とうしゅ》から与《あた》えられた仕事でした。

十九歳《さい》のとき、金作は小小姓《こしょう》から中小姓《ちゅうごしょう》になり、『宗房《むねふさ》』という、俳号《はいごう》（俳句をよむときの名前）をもらいました。仕《つか》えている良忠《よしただ》の俳号《はいごう》が『宗正《むねまさ》』……

その後、二人は、宗正・宗房の名で、俳句の活動にはげむようになったのです。

春や来《こ》し　年や行きけん　小晦日《こつごもり》

この句は、松尾宗房《まつおむねふさ》（松尾芭蕉《ばしょう》）が十九歳の十二月に詠《よ》んだ句です。

松尾芭蕉の句としてうたわれた年月が、はっきりと判明《はんめい》している作品の中で、もっとも古いとされる作品です。

その後、詠《よ》んだ作品は、宗正の句とともに、句集《くしゅう》にも収められるようになりました。

おたがいに句を詠みあったり、同じ町の歌好きの金持ちの人たちの句会《くかい》に参加したり……

若さあふれる芭蕉《ばしょう》と良忠《よしただ》は、この頃、充実《じゅうじつ》した明るい、そして、安定した毎日をすごしたようです。

悲《かな》しみからの出立《しゅったつ》

恵まれた穏《おだ》やかな日々は、良忠の死という、思いがけない出来事でやぶられました。

そのとき、良忠は二十五歳《さい》、芭蕉は二十三歳でした。

芭蕉にとって、最良《さいりょう》の理解者《りかいしゃ》、良忠の死は、それは大きな衝撃《しょうげき》でした。

葬儀《そうぎ》が終わると、芭蕉は、藤堂家《とうどうけ》からの退《たい》任《にん》を申《もう》し出ました。

良忠《よしただ》の父、良精《よしきよ》は、

「引きつづき、今、十八歳の良忠の弟、良重《よししげ》の相手をしてはくれないか」

と、頼《たの》みましたが、芭蕉《ばしょう》の気持ちは変わりませんでした。

「わたしにとっての主《あるじ》は良忠《よしただ》さまだけです。ありがたいお申し出ですが……」

芭蕉は、ていねいに断《ことわ》ると、涙《なみだ》をこらえて、良忠とすごした、思い出の屋敷《やしき》を後にしました。屋敷を出ることで、芭蕉は、職《しょく》を失《うしな》ったのです。

帰った先は、生家《せいか》の松尾家でした。

しかし、その時、すでに父は亡《な》くなり、兄

が家を継《つ》いでいました。母は、健在《けんざい》でしたが、でも、やはり、芭蕉《ばしょう》は、いそうろうの身《み》でした。

月日は流れ、芭蕉は、三十歳《さい》をまぢかにして、なやむようになりました。

(いつまでも、この家にいるわけにはいかない。この先、どうすれば良いものか)

考えに考えた末《すえ》、芭蕉は、自分の能力《のうりょく》を発揮《はっき》できる俳諧《はいかい》の世界で生きようと、江戸《えど》に出る決心をしたのです。

芭蕉は、『貝《かい》おほひ』という句集《くしゅう》を完成《かんせい》させると、その中の一冊を伊賀《いが》の上野の神社に奉《ほう》納《のう》しました。

江戸に出た芭蕉は、つねに新《あたら》しみを求めて変化を重ねていくこと(不易流行《ふえきりゅうこう》)が、俳諧《はいかい》の特質《とくしつ》であるという理念《りねん》のもとに、日本各地を旅《たび》して歩き、すばらしい名句を残しました。

亡くなってから三百年以上たった今も、松尾芭蕉《まつおばしょう》の句は俳諧《はいかい》の理想《りそう》とされ、多くの人々に影響《えいきょう》を与《あた》えつづけています。

第4章

勇気《ゆうき》をくれた言葉にはげまされて

前畑秀子《まえはたひでこ》

嘉納治五郎《かのうじごろう》

ショパン

バッハ

オリンピック日本女子水泳初の金メダリスト
前畑秀子《まえはたひでこ》
――金メダルへとみちびいてくれた母の言葉

前畑秀子（まえはた・ひでこ）
（1914〜95）
和歌山県生まれのオリンピック・メダル取得者《しゅとくしゃ》

おさないころは病弱だったが、水泳に取り組み健康になる。小学校5年で全日本女子の日本新記録を出す。家が貧《まず》しくて進学をためらうが、秀子の才能を見込《みこ》んだ校長のはからいで女学校へ進学。次々と記録を打ちたてる。

15歳《さい》のとき、ハワイで行なわれた汎《はん》太平洋女子オリンピックで金、銀のメダルを獲得《かくとく》。ロサンゼルス・オリンピックでは銀メダル獲得。厳《きび》しい練習をかさね22歳でベルリン・オリンピックに出場、0秒6の差《さ》でドイツの選手に勝つ。日本女子水泳ではオリンピック史上初の金メダルに輝《かがや》いた。81歳で他界《たかい》。

夢《ゆめ》に出てきた母

（もう、絶対《ぜったい》に引退《いんたい》する！）

一九三二年の七月から八月にかけて行《おこ》なわれた、第十回オリンピック・ロサンゼルス大会の、水泳女子二百メートル平泳ぎに出場した前畑秀子《まえはたひでこ》は、帰国《きこく》すると、固《かた》く心に決めていました。

秀子の競技成績《きょうぎせいせき》は、けっして悪《わる》くはありませんでした。オーストラリアのデニスと、わずか〇・一秒《びょう》の差《さ》で、二位となったのです。

(やった！　自分の持っている記録《きろく》を、六秒も縮《ちぢ》めたんだもの)

秀子《ひでこ》は、大いに満足《まんぞく》でした。

ところが、帰国したとたん、秀子のもとに、山のような手紙がとどいたのです。

そのどの手紙にも、

《次のベルリン大会では、ぜひ金メダルをとってください》

と、書いてありました。

(あの苦しい練習を、また四年も続けるのは、もう、いや、耐《た》える自信《じしん》はないわ)

練習では、あまりの辛《つら》さに、大声をあげて泣きながら泳ぐことも、しばしばでした。

(わたしだって、人並《ひとな》みに結婚《けっこん》もしたい。今回のロサンゼルス大会では、銀《ぎん》メダルをとったんだもの。もう、水泳から足を洗《あら》おう)

秀子の気持ちはゆるぎませんでした。

ところが、ある夜、秀子は夢《ゆめ》を見ました。亡《な》き母が現《あら》われ、耳元で、こうささやいたので

す。

「秀子《ひでこ》、いったん始めたことは、切《せつ》なくても苦しくても、やりぬかんといかんよ」

秀子は、ガバッと、はね起きると、思わず叫《さけ》んでいたのです。

「お父さんお母さん、秀子はやります！」

紀《き》の川《かわ》で覚《おぼ》えた泳ぎ

秀子は、和歌山県の紀の川のほとりにある、豆腐《とうふ》屋の娘として生まれました。

きょうだいは五人。秀子のほかは、全員が男の子でした。

「秀子、今日も行くか」

「うん、行くよ、連《つ》れてって、兄《にい》ちゃん」

「秀子《ひでこ》は、泳ぐのが好きなんだな」

「大好き！」

両親や兄たちに連れられて、秀子は三、四歳《さい》のころから、紀《き》の川《かわ》で泳いでいました。だれに教《おそ》わったわけでもありません。ふと気がつくと、ごく自然に泳げるようになっていたのです。

小学五年生では、五十メートル平泳ぎで学《がく》童《どう》女子日本新《しん》記《き》録《ろく》をたてました。

それからは、新記録を出すため、「練習、練習」の毎日でした。

秀子は、人々の期《き》待《たい》にこたえて、ぐんぐん

力をつけ、記録をのばしていきました。

家が貧《まず》しいうえに、女学校在学中《じょがっこうざいがく》に、両親があいついで亡《な》くなるという、不幸にも見舞《みま》われました。

しかし、多くの人の好意で、上の学校に進むこともできたのです。

そして、ロサンゼルス・オリンピックでの銀《ぎん》メダル獲得《かくとく》。

大きな喜《よろこ》びのあとに襲《おそ》ってきた、長年の練習の疲労感《ひろうかん》……。

いったんは、水泳を辞《や》める決意を固《かた》めましたが、夢《ゆめ》の中での、母の一言《ひとこと》で、秀子《ひでこ》は、ふたたび、練習を始めたのです。

無我夢中《むがむちゅう》で

四年後の一九三六年の夏、秀子は、ドイツへと向かいました。

八月一日、第十一回オリンピック・ベルリン大会は、巨大競技場《きょだいきょうぎじょう》に十万人の観衆《かんしゅう》を迎《むか》えて、はなばなしく開幕《かいまく》しました。

著名《ちょめい》な作曲家、リヒャルト・シュトラウスの指揮《しき》で、荘厳《そうごん》な音楽が流れ、十六トンの大鐘《おおがね》が打ち鳴《な》らされる中を、数千羽《ば》のハトが放《はな》たれました。

参列《さんれつ》していた秀子《ひでこ》は、しだいに体中の血が熱《あつ》くなってくるのを感じていました。

やがて、競技《きょうぎ》が始まると、男子は、なんと競泳《きょうえい》三種目で優勝という、すばらしい快挙《かいきょ》をものにしたのです。

「ああっ、女子も、がんばらねば……」

いよいよ秀子の出番がやってきました。

決勝《けっしょう》前日、秀子のもとに、日本から、風呂敷《ふろしき》いっぱいのお守りと、二百通ほどの激励《げきれい》の電報がとどきました。秀子は、お守りと電報をしっかり抱《だ》きかかえて、プールへのぞみました。

スタート台に立つと、(どうか勝たせてください)と、必死《ひっし》で祈《いの》りました。

出場種目は、二百メートル平泳ぎです。

ダーン！……ピストルの音が鳴《な》りひびくと、秀子は、前進することだけを考え、全身の力をふりしぼって、無我夢中《むがむちゅう》で泳ぎました。

秀子《ひでこ》と、壮絶《そうぜつ》なたたかいを展開《てんかい》したのは、ドイツのゲネンゲルでした。

この大会で、初めてNHKによってラジオの実況放送《じっきょうほうそう》が行《おこ》なわれ、秀子とゲネンゲルの、手に汗《あせ》をにぎるせりあいは、日本中に放送されました。

「もう、放送終了予定《よてい》時間ですが、スイッチを切らないでください。前畑《まえはた》、ゲネンゲル前に出ました。わずかひとかき、前畑リード。…（中略）…前畑ターン、続いてゲネンゲル。まことに大接戦《だいせっせん》。前畑リード、がんばれ前畑！　あと四メートル、三メートル、二メートル……勝った！　前畑日章旗《にっしょうき》をあげました。前畑さんありがとう！」

金メダルを受けた前畑秀子《まえはたひでこ》は、しっかりと目をあけ、静かにあがっていく日の丸の旗《はた》を、じっと見上げたのでした。

『講道館《こうどうかん》柔道《じゅうどう》』の創始者《そうししゃ》

嘉納治五郎《かのうじごろう》

――柔道普及《ふきゅう》の先駆者《せんくしゃ》を支《ささ》えた父の言葉

強くなりたい！

福田八之助《はちのすけ》の道場を出た、嘉納治五郎《かのうじごろう》の顔は、ひとりでにほころんできます。

（ああ、やっと念願《ねんがん》がかなうぞ。必ず、強くなってみせる！）

治五郎は、十一歳《さい》のとき、学問を身につけるために、生まれ育った神戸《こうべ》から上京《じょうきょう》しました。

はじめは父の意見で、漢字と書道を学ぶ塾《じゅく》に通っていましたが、三年後の一八七三年――

嘉納治五郎（かのう・じごろう）

（1860～1938）

兵庫《ひょうご》県生まれの教育家・柔道家

母亡《な》き後、11歳《さい》から父と東京で暮《く》らす。18歳で開成学校から東京大学文学部に編入《へんにゅう》。柔術家《じゅうじゅつか》の福田八之《はちの》助《すけ》の門下生《もんかせい》に。2年後、福田の死により指導《しどう》を引きつぐ。22歳で東大を卒業し、翌年、学習院の講師《こうし》となる。

同年、嘉納塾《かのうじゅく》を創設《そうせつ》し、柔道《じゅうどう》の指導を始める。東京高等師範《しはん》学校などの校長を歴任《れきにん》。小石川に講道館《こうどうかん》を新築《しんちく》、50歳で五輪《ごりん》委員となる。大日本体育協会を設立し初代会長に就任《しゅうにん》。今日《こんにち》の世界柔道のもとをきずいた。

79歳で、東京に五輪招致《しょうち》のためカイロに行き、帰途《きと》、船上《せんじょう》で永眠《えいみん》。

すべての学科を外国語で教える「育英義塾《いくえいぎじゅく》」が、芝《しば》に開塾《かいじゅく》したのをきっかけに、そこの寄《き》宿舎《しゅくしゃ》に入ったのです。

「父を説《と》きふせて、自分から望《のぞ》んだ塾だ。さあ、洋学《ようがく》を思いっきり勉強するぞ」

ところが、意気込《いきご》んで入塾した治五郎《じごろう》を待っていたのは、先輩《せんぱい》たちのいじめでした。机《つくえ》に向かって勉強をしていると、体の大きな先輩が部屋まで入ってきて、治五郎をかつぎ上げると、どすんと、庭にほうり投げるのです。その痛《いた》さといったら、息もできないほどです。

「弱いなあ。だらしないぞ。わっはっはっ」

先輩ばかりか、同じ年の者までが、庭にころがっている治五郎を、見おろして笑《わら》います。

（ああ、強くなりたい！）

いじめにあうたびに、治五郎は、夜、ふとんの中で、歯をくいしばり、くやし涙《なみだ》にくれるのでした。

やるならやり通せ

その後、移《うつ》った学校でも、やはり同じように腕力《わんりょく》の強い者が、いばっていました。

思いあまった治五郎《じごろう》は、柔術《じゅうじゅつ》を習《なら》うことにしました。

一八七七年、東京大学文学部に入っても、治五郎の決意は変わりませんでした。

東京のあちこちを歩きまわった治五郎は、ようやく、天神真楊流《てんしんしんようりゅう》という流派《りゅうは》の、柔術の専門家《せんもんか》、福田八之助《はちのすけ》を探《さが》しあてました。

福田の道場は、日本橋にありました。

道場といっても、十畳《じょうじ》敷きの座敷《ざしき》で、次の間《ま》の三畳《じょう》は、福田のもう一つの仕事、整骨《せいこつ》の治療院《ちりょういん》になっていました。

福田に弟子《でし》入りを許《ゆる》された治五郎は、はずむ心で帰宅《きたく》すると、父に報告《ほうこく》しました。

「今、新しい明治《めいじ》の時代になって、古い柔術など、やる必要《ひつよう》はないと思うが……」

しばらく考えていた父は、にらむように、治五郎を見すえると、きっぱり言いました。

「やりたいのなら、どこまでもやり通せ」

「はいっ、きっと、やり通します！」

治五郎《じごろう》は、体じゅうに、大きな力がわいているのを感じました。そして、顔は、念願《ねんがん》のかなった喜《よろこ》びで、ひとりでにほころんでしまうのでした。

しかし、稽古《けいこ》が始まると、あまりの厳《きび》しさに、動けなくなることもたびたびでした。

「おいでなさい」

福田は、初心者《しょしんしゃ》などということは、まるで頭にないように、起きあがる治五郎を、そう言っては、間《ま》を置《お》かずに投げとばします。

「何回も、投げられ、技《わざ》をかけられたりするうちに、できるようになる。おいでなさい」

質問《しつもん》するすきなど与《あた》えず、ただただ、投げとばすのです。

弟子は四、五人で、毎日通っているのは、治五郎だけ。あとは、一日おきに、魚河岸《うおがし》の魚屋の主人が顔を見せるという寂《さび》しさでした。

どんなに体が痛《いた》くても、治五郎は、決して休みませんでした。

いつか世界の若者が柔術《じゅうじゅつ》を

入門二年後、道場に、思いがけない話が舞《ま》いこんできました。

「アメリカの前大統領《だいとうりょう》、グラント将軍《しょうぐん》が、来日《らいにち》されることになった。そこで、日本の武術《ぶじゅつ》である柔術《じゅうじゅつ》をお目にかけたいので、よろしく……」というものです。

福田は、うれしそうに治五郎《じごろう》に言いました。

「わたしと師匠《ししょう》の磯《いそ》先生で、模範《もはん》の型《かた》をする。そこで、君は、親友の五代竜作君と、乱取《らんど》りをやってもらいたいのだが」

治五郎の胸《むね》は高鳴りました。

乱取《らんど》りというのは、お互いに自由に技《わざ》をかけ合って、練習することです。

五代は、治五郎の誘《さそ》いで福田道場に入門した、大学の友人でした。

一八七九年八月五日、治五郎たち一行《いっこう》が、招《まね》かれた実業家の屋敷《やしき》へ出かけていくと、庭園には、仮《かり》の道場が作られ、その前に、グラント将軍たちが腰《こし》かけていました。

さっそく行《おこ》なわれた福田、磯による息の合った型は、見慣《みな》れている治五郎でさえ、うなる

ほどの見事さでした。グラント将軍《しょうぐん》は、身を乗りだすように、熱心《ねっしん》に見入っています。

次は、治五郎《じごろう》と五代の番です。二人は持てる力の限《かぎ》り、技をかけ合い、投げあいました。

「それまで！」

のかけ声に、二人がさっとはなれ、礼儀《れいぎ》正しく礼《れい》をすると、グラント将軍《しょうぐん》と、居並《いなら》ぶ人々の間から、大きな拍手《はくしゅ》がわきおこりました。

将軍は、かたわらの者に言いました。

「アメリカに帰ったら、この素晴《すば》らしい武術《ぶじゅつ》を大いに広めよう」

帰途《きと》、治五郎と五代は、興奮《こうふん》して語りあい

ました。

「柔術《じゅうじゅつ》を、世界の若者がやるようになったら、すごいな。しかし、これは、夢《ゆめ》だな」

この日から三年後、治五郎は、講道館《こうどうかん》を創《そう》設《せつ》しました。そして現在、嘉納治五郎《かのうじごろう》の夢は実現《じつげん》し、柔道は世界的スポーツとして、多くの若者たちから好《この》まれています。

『子犬《こいぬ》のワルツ』などの名曲を作曲した
ショパン
――才能《さいのう》を認め、引きだしてくれた師《し》との出会い

フレデリック・フランソワ・ショパン
（１８１０～４９）
ポーランド生まれの作曲家

少年時代より“ピアノ演奏《えんそう》の天才”と評判《ひょうばん》になる。

１５歳《さい》で『ロンド』を作曲、才能を認《みと》められる。

２１歳でパリへ行き、上品な演奏で社交界《しゃこうかい》の花形《はながた》となり、音楽家のリストや文学者のハイネ、画家のコローなどと親しく付きあう。暮《く》らしは苦しく、貴族《きぞく》の娘《むすめ》たちにピアノを教え生計《せいけい》を立てる。

バラード、ソナタ、ワルツなど、華麗《かれい》でせんさいな魅力《みりょく》ある多くのピアノ曲を作曲し、近代のピアノ音楽にもっとも大きな影響《えいきょう》を与えた。

結核《けつかく》のため３９歳の若さで死去《しきょ》。

魂《たましい》が宿《やど》る曲

フレデリック・ショパンは、姉や妹たちといっしょに、母親の国の子守歌《こもりうた》を聞きながら育ちました。

母親の国はポーランド。そこで歌われている、ゆったりした、もの悲しいメロディーは、おさないフレデリックの胸《むね》に、深く静かにしみ透《とお》っていき、音楽への感受性《かんじゅせい》を育《はぐく》んでいったのです。

フレデリックの家には、いつも音楽があふれていました。母がピアノを弾《ひ》きはじめると、父がバイオリンをとりあげます。

両親《りょうしん》の演奏《えんそう》にあわせ、姉と、口がきけるようになったばかりの妹までが、歌いだします。

すると、フレデリックは、ピアノの下にもぐりこんで、思わず涙《なみだ》ぐんでしまうのでした。

（いいなあ、まるで、お日さまのかがやく空に浮《う》かんだみたいな気持ちだ。すてきだ！）

やがてフレデリックは、母や姉からピアノを教えてもらうようになりました。

でも、六歳《さい》になる頃には、もう、教えきれないほどになったので、父は、作曲家でピアノの教師でもある、ジブニー先生にフレデリックのレッスンを頼《たの》みました。

フレデリックは、ジブニー先生から、学べるのが嬉《うれ》しくてたまりません。なぜなら先生は、音楽について、まるで大人《おとな》を相手にするように、真剣《しんけん》に話してくれるからです。

「バッハやモーツァルトの音楽には、魂《たましい》が宿《やど》っているんだ。君にも、いつかこれらの音楽の〝深さと永遠性《えいえんせい》〟がわかるときがくると思うよ」

「深さって、なんなの？　先生」

「ああ、それは、本当に感動《かんどう》するものがあるっていうことさ。泣きたくなるほど、胸《むね》がいっぱいになる……ということだ」
「では、永遠《えいえん》って？」
「ずーっと変わらず、人の心に生きつづけること。素晴《すば》らしい音楽は、決して死ぬことがないのさ」
フレデリックには、少しむずかしく思われましたが、それでも、モーツァルトやバッハの曲を弾《ひ》くときには、先生の言葉を考えながら、鍵盤《けんばん》に指《ゆび》を走らせるのでした。

心が求《もと》める音楽を

フレデリックの演奏《えんそう》技術《ぎじゅつ》の上達《じょうたつ》はめざましく、八歳《さい》になるころには、貴族《きぞく》の館《やかた》に招《まね》かれ、ピアノの演奏をするようにもなりました。

「もう、わたしには、フレデリックに教えることがなくなった」

そう言って、ジブニー先生が去《さ》った後、フレデリックは、中学に編入《へんにゅう》しましたが、学科は苦手でした。卒業後《そつぎょうご》、ワルシャワ音楽院で学びはじめましたが、教師たちがそろって苦情《くじょう》を言いだしたのです。

「フレデリック・ショパンの態度《たいど》は、ひどく悪《わる》い。作曲の理論《りろん》の講義《こうぎ》だと、寝《ね》はじめるんだ」

「古典和声学《こてんわせいがく》では、いかにも退屈《たいくつ》だという顔をして、声楽曲《せいがくきょく》のときには、とたんに自信《じしん》満々《まんまん》になり、強く自己主張《じこしゅちょう》してゆずらないんですよ」

「規則《きそく》や書法《しょほう》を無視《むし》して、自分のやり方だけが正しいと言う。やりにくい学生だ」

教師の評判《ひょうばん》のよくないフレデリックの成績《せいせき》は、かんばしくありませんでしたが、フレデリックのほうも悩《なや》んでいました。

(ぼくが求《もと》める音楽が、これまでの規則にあてはまらないからといって、ぼくの心まで曲《ま》げたくはない。ああ、どのようにして、学校の勉強をすればいいのだろうか)

悩《なや》むフレデリックに、はげましの言葉をかけてくれたのは、学院長のエルスナー先生です。エルスナー先生には、十一歳のころから、個人《こじん》レッスンを受けていたので、先生は、フレデリックを、よく理解《りかい》してくれていました。

「いいかね、フレデリック。悩《なや》むことはない。自分を信じるんだ」

つぎに、教師たちに向かって、きっぱりとこう言ったのです。

「本当の創造力《そうぞうりょく》をもった子は、自分で自分をつくっていく。そういう子に対して、私たち教師にできることといえば、まだ、見えないものを、見つける方法を教えるだけだ。その子のやり方が、普通《ふつう》と違《ちが》うとしたら、それは、なみはずれた才能《さいのう》の持ち主だと、わたしは思う」

駅に流れた美しい調べ

その後、フレデリックは、熱心《ねっしん》に作曲に取り組み、ドイツの作曲家、シューマンから「天才だ」と賞賛《しょうさん》を受けました。

十八歳《さい》の夏休み、ベルリンへ初《はじ》めての外国旅行をすることになりました。ところが、途中《とちゅう》の小さな村で、馬車が動かなくなりました。

馬を交代《こうたい》させるのに、だいぶん時間がかかりそうなので、フレデリックは、駅の食堂で食事をして待つことにしました。ところが、代わりの馬がなかなか到着《とうちゃく》しません。

「いつまで待たせるんだ！　急いでいるのに」

しだいに、お客たちはいらいらしはじめ、言いあらそいをする人まで現《あら》われました。

フレデリックがふと駅のすみを見ると、小さな駅にはふつりあいなピアノがありました。

フレデリックは、つかつかとピアノに近づくと、ポーランドの舞曲《ぶきょく》を弾《ひ》きはじめました。

古くそまつな駅舎《えきしゃ》いっぱいに流れる美しい調《しら》べ……。

あらそっていた人たちは口を閉じました。まわりの人たちも一人、二人とフレデリックのそばに集まって、じっと聞き入りはじめました。

馬が到着《とうちゃく》したので、フレデリックが立ち上がろうとすると、

「やめないで。こんな素晴《すば》らしい音楽を聞くのは初《はじ》めてです。最後まで聞かせて！」

と、だれもピアノからはなれません。

曲を弾《ひ》きおわると、まわりの人々からどっと拍手《はくしゅ》がわき起こりました。

「ショパン、素晴しいピアニスト！」

人々の賞賛《しょうさん》の声に送られて、フレデリックは、馬車でその地を去《さ》ったのでした。

神に捧《ささ》げる曲を多く残《のこ》した〝音楽の父〟
バッハ
——運命を切り開かせた先生の助言

ヨハン・セバスティアン・バッハ

(1685〜1750)

ドイツの大作曲家

町楽士《がくし》の父から音楽を習う。おさないころから楽器も学習も上達《じょうたつ》が早く、まわりの人をおどろかす。楽器の内側に興味を示し、こわしては中を調べ、父を困らせた。

１５歳《さい》で聖《せい》ミヒャエル教会付属《ふぞく》高校に入学。教会でオルガンを弾《ひ》くことで授業料は免除《めんじょ》された。

卒業後、教会のオルガン奏者《そうしゃ》、宮廷《きゅうてい》楽士、音楽教師などを務《つと》めるが、意見が合わず職場を転々とする。この間に神《かみ》を讃《たた》える多くの曲を作曲。のちに楽聖《がくせい》と称《たた》えられる。

２度の結婚《けっこん》で得《え》た十数人の子どものうち、多くが楽士となる。６３歳で失明《しつめい》、２年後脳卒中《のうそっちゅう》で他界《たかい》。

音楽家の町に生まれて

今から三百年ほど前、ドイツのテューリンゲン地方のアイゼナハの町では、すべての人々が、バッハという姓《せい》を名乗《なの》っていました。

そして、だれもが音楽家でした。宮廷音楽士《きゅうていおんがくし》、オルガニスト、教会の音楽監督《かんとく》、作曲家《さっきょくか》、学校の音楽教師、楽士《がくし》、楽器《がっき》職人……といった仕事についていたのです。

町の人々は、音楽家であることを、たいへんに誇《ほこ》りに思っていました。

ヨハン・セバスティアン・バッハは、こうした音楽一族《いちぞく》の町で生まれました。

父は、町《まち》の楽士《がくし》で、もちろんセバスティアンもおさないころから、バイオリンやクラヴィコード（ピアノのもととなった楽器）、オルガンを習わされました。

また、高く、きれいな声をもっていたので、教会の聖歌隊《せいかたい》でも歌っていました。

ところが、九歳《さい》で母を、十歳で父を亡《な》くし、孤児《こじ》となってしまったのです。

しかし、さいわいなことに、結婚《けっこん》したばかりの十四歳年上の兄、クリストフが、すぐ上の兄とセバスティアンを、引きとってくれました。

クリストフは、少しはなれた村の教会のオルガニストでした。

結婚《けっこん》したばかりで、生活の苦しいクリストフは言いました。

「セバスティアン、おまえが聖歌隊《せいかたい》で歌っているおかげで、家計《かけい》が助かるよ」

当時は、聖歌隊で歌うと、少しながらお金がもらえたのです。

けれど、十五歳になったとき、クリストフは、すまなそうに頼《たの》みました。

「わが家も子どもが三人になり、暮《く》らしが苦しくなった。そろそろ自分で生活してくれないか」

「長い間ありがとう。心配しないで、兄さん。学校の先生に相談《そうだん》してみるよ」

ああっ、声が!

セバスティアンは、さっそく、先生をたずねて事情《じじょう》を話しました。すると、先生は、

「リューネブルクの教会付属《ふぞく》高校に、行きたまえ。あそこでは、以前《いぜん》から才能《さいのう》のある学生を集めて合唱団《がっしょうだん》をつくっている。合唱団に入れば、学費《がくひ》も寄宿費《きしゅくひ》も免除《めんじょ》になるうえに、こづかい程度《ていど》のお金までもらえるんだ。今、ちょうどボーイ・ソプラノの学生を求《もと》めているから、まさに君には、ぴったりじゃないか」

と、言って推薦状《すいせんじょう》を書いてくれました。

「ぼく、がんばります。先生!」

セバスティアンは、すぐに三百キロ以上もはなれた高校へと出発しました。厳《きび》しく遠い道のりを歩きながら、セバスティアンは心の中で、感謝《かんしゃ》の祈《いの》りを捧《ささ》げました。

リューネブルクは、セバスティアンが生まれ育ったアイゼナハより、大きな町でした。

セバスティアンは、胸《むね》を躍《おど》らせながら、聖《せい》ミヒャエル教会付属《ふぞく》高校の門をくぐりました。

(さあ、精《せい》いっぱいやるぞ)

ところが、セバスティアンの身に、思いがけないことが起こっていたのです。

「ボーイ・ソプラノの君を待っていたんだ。さあ、思うぞんぶん声を出してくれたまえ」

合唱団《がっしょうだん》の練習に、初《はじ》めて参加したとき、指導《しどう》教官やメンバーたちは、期待のこもったまなざしを、セバスティアンに向けました。

セバスティアンは、息を整《ととの》えると、いちばん高い声で歌い出しました。鳥がさえずるような澄《す》んだ美《うつく》しい声が、あたりの空気をふるわし、響《ひび》きわたるはずでした。

それが、なんと出てきたのは、低《ひく》く、かすれた笛《ふえ》のような声……何度出しても同じです。

「いつもは、こんな声じゃありません。風邪《かぜ》もひいていないのに……おかしいなあ」

すっかりうろたえているセバスティアンに、指導教官《しどうきょうかん》は、気の毒《どく》そうに言いました。

「声変わりしたんだよ。でも気を落とさなくてもいい。君はオルガンやバイオリンの腕《うで》がいいと、君の先生から聞いている。これからは教会でオルガンを弾《ひ》いてくれたまえ」

セバスティアンは、あまりの嬉《うれ》しさに声をつまらせ、涙《なみだ》ぐんだ目で教官《きょうかん》を見つめました。

神へ捧《ささ》げる曲を

貧《まず》しくても、教会でオルガンを弾《ひ》き、学ぶことのできる高校生活は、セバスティアンにとって、たいへんに幸《しあわ》せな日々でした。

(今、ぼくが、こうしていられるのは、神《かみ》さまのおかげだ。そうだ、感謝《かんしゃ》をこめて神さまを讃《たた》える曲を作ろう)

そう考えたセバスティアンは、さっそく作曲をはじめました。

何度も手直しをくりかえして、やっと一曲、『恵《めぐ》み深きイエスを迎《むか》えよ』ができあがりました。

そのとき、セバスティアンは十七歳《さい》でした。

高校卒業後、バッハ一族の人たちの骨折《ほねお》りで、故郷《こきょう》に近い町で、教会のオルガンを弾く仕事につくことができました。

（ああ、故郷《こきょう》の人たちはなんてあたたかいのだろう。ぼくも、故郷の人たちと同じように、音楽を仕事にすることができた。さあ、これからは、もっと多くの演奏《えんそう》や作曲をするぞ！）

セバスティアンは、力強く誓《ちか》いました。心の中は、バッハ一族に生まれた喜《よろこ》びと、誇《ほこ》りでいっぱいでした。

その後、従姉妹《いとこ》のマリア・バルバラと結婚《けっこん》。

最高《さいこう》の理解者《りかいしゃ》に支えられて、セバスティアンは、苦難《くなん》を乗りこえ、神へ捧《ささ》げる数多くの、おごそかで格調《かくちょう》高い音楽を、作曲しつづけたのです。

三百年ほども前に作られた、ヨハン・セバスティアン・バッハの音楽は、時代を超《こ》えて、今も私たちの心に、深い感動《かんどう》を与えてくれます。

第5章

未来の人々のために

ルイ・パストゥール

親鸞《しんらん》

ヨハンナ・スピリ

ペスタロッチ

ワクチンを作り、多くの人命を救《すく》った
ルイ・パストゥール
――狂犬《きょうけん》にかまれた少年との出会い

ルイ・パストゥール

（1822～95）

フランス生まれの化学者《かがくしゃ》・細菌学者《さいきんがくしゃ》

勉学のため16歳《さい》でパリにある寮《りょう》に入るが、ホームシックのため1ヵ月半で家にもどる。翌年、王立中学校に入学、再び寮生活を始める。高等師範《しはん》学校に4番の成績《せいせき》で進学し化学、物理《ぶつり》を学びはじめる。

24歳で物理の教授《きょうじゅ》試験には3番で合格し、母校《ぼこう》の化学助手になる。3年後、ストラスブール大学の化学助教授に就任《しゅうにん》。狂犬病《きょうけんびょう》やたんそ病の研究から、ワクチンを発明し、予防《よぼう》・治療《ちりょう》の基礎《きそ》をきずいた。

レジオン・ドヌール勲章《くんしょう》、国民賞などを受賞し、72歳で亡《な》くなる。

次は狂犬病《きょうけんびょう》だ

狂犬病――今は、もうあまり耳にしなくなった伝染病《でんせんびょう》です。しかし、一八八〇年ごろは、世界の人々に大変恐《おそ》れられていました。

なぜかというと、治療《ちりょう》の方法《ほうほう》が、見つかっていなかったからです。

人間が狂犬病にかかった犬にかまれると、二週間ほどで発病し、さらに菌《きん》が脳《のう》に達すると、精神異常《せいしんいじょう》になって、もがき苦しみながら死ぬしかありませんでした。

犬も同じような症状《しょうじょう》で死んでいきました。

一八七七年から数年の間に、フランスの化学者《かがくしゃ》、ルイ・パストゥールは、苦心《くしん》の研究の末《すえ》、たんそ病にきくワクチンを作り、コレラの研究で免疫《めんえき》を発見しました。

やはり、たんそ病もコレラも、当時の医学では、治すことができず、人々が恐《おそ》れていた病気です。このふたつの難病《なんびょう》の治療《ちりょう》方法をみつけたパストゥールは、自信たっぷりに心に誓《ちか》いました。

（さあ、次に取り組むのは狂犬病《きょうけんびょう》だ。かならず最良《さいりょう》の療法《りょうほう》をみつけだしてやるぞ）

そのときパストゥールは五十八歳《さい》。

はりきって研究を始めました。

研究の日々

研究を始めるとすぐに、知りあいの陸軍《りくぐん》獣医《じゅうい》から、二匹の狂犬病にかかった犬が送られてきました。

《一日も早く、研究の成果《せいか》がでることを願《ねが》っています》

獣医《じゅうい》の手紙に目を通したパストゥールは、いっそう熱心に研究にはげみましたが、成果はなかなか得《え》られませんでした。

「そうか、狂犬《きょうけん》の唾液《だえき》や血液に細菌《さいきん》があるのかと思っていたが、間違《まちが》いだった」

実は、その頃の顕微鏡《けんびきょう》では、狂犬病《きょうけんびょう》のウイルスを発見することができなかったのです。

いろいろと試《こころ》みた末《すえ》、犬の脳《のう》に直接ウイルスを注入《ちゅうにゅう》して、調べることになりました。注入すれば犬たちは狂犬になるはずです。

しかし、いざ実験《じっけん》のときがくると、パストゥールは、助手《じょしゅ》に〝待った〟をかけました。

「もう少し延《の》ばそうじゃないか」

「なぜですか」

「いやあ、その……」

パストゥールは、はっきり理由をいいません。

いく日《にち》かがすぎましたが、パストゥールは実験《じっけん》を開始するようすがありません。しびれをきらした助手《じょしゅ》は、犬小屋にいるパストゥールのところへ催促《さいそく》に行きました。

「博士《はかせ》、早く実験を……」

と、言いかけた助手は、はっとして口を閉じました。さかんに手をなめ、頭をすりよせる犬たちに向かって、パストゥールが、こう話しかけていたからです。

「お前たちを、実験材料にするのがふびんでなあ……」

助手の胸《むね》に熱《あつ》いものがこみあげてきました。

(博士は、犬が嫌《きら》いといっておられたのに)

助手は、そっと研究所に引き返しました。

そして、自分の手で、犬たちの脳《のう》にウイルスを注入《ちゅうにゅう》したのです。

実験は成功《せいこう》し、犬たちはウイルスに感染《かんせん》。目を充血《じゅうけつ》させ、よだれをたらしてあばれまくる狂犬と化《か》しました。

緊張《きんちょう》の十日間

それからは、この実験《じっけん》は兎《うさぎ》を使って行《おこ》なわれ、ワクチンを作るまでに前進しました。

「あとは人間にどう効《き》くかが問題ですね」

「副作用《ふくさよう》が心配なので、人に接種《せっしゅ》することはできないしなあ」

パストゥールと助手《じょしゅ》は考えこみました。

一八八五年七月、研究所に、男の子を連《つ》れた母親が、青い顔をして駆《か》けこんできました。医者の紹介で町からやってきたのです。

「博士《はかせ》、どうか息子《むすこ》を助けて下さい！　狂《きょう》犬《けん》にかまれてしまったのです。お願いです」

息子は九歳《さい》、名前はジョセフ・メイステル。

体中《からだじゅう》に傷を負《お》っていましたが、動物には効《き》いても、人に効くかどうか分からないワクチンを、打つわけにはいきません。

困惑《こんわく》しているパストゥールに母親は、

「どうか、この子を死なせないで」

伏《ふ》し拝《おが》むようにして頼《たの》みつづけます。その母親の姿を見て、パストゥールは決心しました。

「死を待つだけなら、やってみよう！」

その日から十日間、パストゥールは、ジョセフにワクチンを接種《せっしゅ》しつづけました。

しかし、日がたつにつれて、パストゥールの不安は高まり、夜も眠《ねむ》れなくなりました。

(ワクチンは本当に効《き》くだろうか)

十日間がすぎ、疲《つか》れきったパストゥールは机《つくえ》にもたれて、うとうとしていました。

すると、いきなり母親に起こされたのです。

「博士《はかせ》、さあ、ジョセフを見てください」

(病状悪化? やはり駄目《だめ》だったか)

重い気持ちで、病室へ走って行くと、なんとジョセフはベッドの上に起きあがって、にこにこ笑《わら》っているではありませんか。

「効《き》いたのか! よかったなあ、ジョセフ」

パストゥールは、とびきりの笑顔《えがお》を返すと、ジョセフの手をしっかりと握《にぎ》りました。

これがきっかけとなり、その後、世界中の多くの人、そして犬が、狂犬病《きょうけんびょう》から救《すく》われました。

そして、後年《こうねん》……成長したジョセフは、研究所の管理人《かんりにん》となって、恩人《おんじん》ルイ・パストゥールに、その一生を捧《ささ》げたということです。

日本が生んだ名僧《めいそう》

親鸞《しんらん》

——生きているすばらしさと希望を与《あた》えた

伯父《おじ》に引きとられて

今から八百二十年ほど前の春の日のことです。

伯父につれられた少年が、京都・東山《ひがしやま》への道をたどっていました。

少年の名は松若丸《まつわかまる》（後《のち》の親鸞《しんらん》）。

伯父は日野範綱《ひののりつな》といって、そのころの朝廷《ちょうてい》の政治《せいじ》の中心で活躍《かつやく》する中流《ちゅうりゅう》の貴族《きぞく》で、松若丸の父の兄でした。

親鸞（しんらん）

（１１７３〜１２６２）

浄土真宗《じようどしんしゆう》を開いた京都生まれの僧侶《そうりよ》

８歳《さい》で母を亡《な》くし翌年《よくねん》出家《しゆつけ》得度《とくど》。その後、２０年間比叡山《ひえいざん》で学問と修行《しゆぎよう》にはげむ。

「大切なのは念仏《ねんぶつ》をとなえること。結婚《けつこん》もよし」という導《みちび》きにひかれ、法然《ほうねん》に入門《にゆうもん》。６年後、念仏禁止令が出され、法然と親鸞は別々の地へ流刑《るけい》に処《しよ》される。流刑地の越後《えちご》（現・新潟県《にいがた》）で恵信尼《えしんに》と結婚《けつこん》、子も授《さず》かる。

３９歳で刑をとかれた後、「仏《ほとけ》を信じ、感謝《かんしや》することが救《すく》われる道」と説《と》き多くの信者《しんじや》をえる。

９０歳で死去《しきよ》の後、弟子が編集《へんしゆう》した親鸞の思想を伝える『歎異抄《たんにしよう》』は、今も広く読まれている。

父も貴族《きぞく》でしたが、ほんとうの力を発揮《はっき》できないままに、松若丸《まつわかまる》がおさないころ、出家《しゅっけ》しました。

松若丸と弟《おとうと》たちは、母《はは》の吉光女《きっこうにょ》と、京都の宇治《うじ》でひっそりと暮《く》らしていましたが、八歳《さい》のとき、たのみの母が亡《な》くなってしまったのです。

かわいそうに思った伯父《おじ》は、

「わたしの所へくるがよい」

と、松若丸たちを引きとってくれました。

伯父のもとで、漢学《かんがく》や儒学《じゅがく》、歌などを学ぶうちに、一年がたちました。

（いくら伯父とはいっても、いつまでもお世話になっているわけにはいかない）

九歳になったころから、松若丸は、そう考えるようになりました。

そこで、気持ちを伝えると、伯父は、じっと考えてから言ったのです。

「この世には、争《あらそ》いごとや貧《まず》しさ、病《やま》いなどで苦しんでいる者たちがいる。そうした者たちを救《すく》い、人々の手本となる僧侶《そうりょ》となってはどうか」

松若丸《まつわかまる》は、きっぱりと答えました。

「わかりました。出家《しゅっけ》します」

変わらない保証《ほしょう》は……

道中《どうちゅう》には、うす桃《もも》色の山桜《やまざくら》が咲《さ》き、ときおり聞こえてくる鶯《うぐいす》の鳴《な》く声……どこからかただよってくる、あまい花の香《かお》りが、松若丸の心をやさしく包《つつ》みます。

（ああ、おさない春の日、母《かあ》さまと、庭にやってくる鶯《うぐいす》の歌声を聞いて、楽しんだなあ）

ふと、なつかしい母との思い出がよみがえります。

（りっぱな僧侶《そうりょ》になる！）

という決意はしていますが、まだ九歳《さい》です。

この先に待っているお寺での、それも男性《だんせい》だけの世界の暮《く》らしに、不安がないといったら嘘《うそ》になります。

それでも、松若丸は、自分をふるい立たすように、ひとつ大きく息を吸《す》いこむと、いそい

で伯父《おじ》に続きました。

夕暮《ゆうぐ》れどき、松若丸《まつわかまる》たちは、東山《ひがしやま》の青蓮院《しょうれんいん》に着きました。

衣服《いふく》をととのえ、案内された部屋へ入ると、位《くらい》の高い慈円《じえん》という僧《そう》がむかえてくれました。

慈円にむかって両手をつき、ていねいに挨拶《あいさつ》をすると、松若丸は言いました。

「わたしは、僧侶《そうりょ》になりたいのです」

「おお、そうか」

慈円は、穏《おだ》やかな口調で答えると、立ちあがりながら、言葉を続けました。

「それほどの決意なら、望《のぞ》みどおり僧侶にし

てやろう。ただ、今日は、もうこんな時間だから、得度《とくど》（一般の人が僧《そう》になるための儀式《ぎしき》）は、明日の朝にしよう」

すると、松若丸《まつわかまる》は、きっと鋭《するど》い目つきで慈円《じえん》を見つめると、次のような歌を詠《よ》んだのです。

明日《あす》ありと　思う心の　あだ桜《ざくら》
夜半《よわ》に嵐《あらし》の　吹かぬものかは

『師《し》は、明日の朝に得度《とくど》をすると言われました。けれど、明日まであなたが生きていられるという保証《ほしょう》はありません。

いま満開《まんかい》の桜《さくら》の花も、夜の間に嵐《あらし》が吹《ふ》きあれれば、ようすが変わってしまうように、わたしも、朝になったら、気持ちが変わっているかも知れません』

たとえ堂僧《どうそう》でも

松若丸《まつわかまる》の率直《そっちょく》な歌に、慈円《じえん》は、おどろいたように座《すわ》りなおすと、謝《あやま》ったのです。

「仏教では、諸行無常《しょぎょうむじょう》＝この世のすべてのものは移《うつ》りかわり、とどまることがない、と説《と》いている。それを、軽はずみにも明日になどと言ってしまった。悪かった」

慈円は、すぐに、係の僧に得度《とくど》の用意を命《めい》じました。

陽《ひ》が落ち、茜《あかね》色の山陰《やまかげ》にチラチラと山桜《やまざくら》の花びらが舞《ま》い散《ち》る中、お経《きょう》をとなえる僧侶《そうりょ》たちの声がひびきます。

松若丸の得度式《とくどしき》は、おごそかに行《おこ》なわれました。

得度した松若丸は、慈円より〝範宴《はんねん》〟という名前を与えられ、いよいよ僧侶への道をふみだしました。

範宴《はんねん》は、真剣《しんけん》に学びはじめましたが、比叡山《ひえいざん》での待遇《たいぐう》は、良いものではありませんでした。貴族《きぞく》の出身でも、当時は、両親のいない者は、差別《さべつ》されたのです。優秀《ゆうしゅう》な学生（がくしょう）なら上級へと進めます。けれど、この時代は成績《せいせき》が優秀でも、父母《ふぼ》のいない者は学生にはなれませんでした。そこで、範宴の身分《みぶん》は、寺につかえ、働《はたら》きながら学ぶ〝堂僧《どうそう》〟です。

しかし、範宴は、そうした境遇《きょうぐう》のマイナス面には負けませんでした。力強く、貧《まず》しさや悩《なや》み、弾圧《だんあつ》などを乗りこえて修行《しゅぎょう》を重ねたのです。

み仏《ほとけ》の深い慈悲《じひ》を信じ、感謝《かんしゃ》して念《ねん》ずることで、人は安心（あんじん）を得《え》るをいう、親鸞《しんらん》の教えは、多くの人を幸せにしました。

八百年以上も経《た》った現在《げんざい》も、親鸞の説《と》いた教えは人々を救《すく》い、これから先も生きる勇気《ゆうき》を与《あた》えつづけることでしょう。

アルプスの少女の物語『ハイジ』の作者

ヨハンナ・スピリ

——成功《せいこう》へとみちびいてくれた〝友の愛《あい》〟

ヨハンナ・スピリ

（1827～1901）

スイス生まれの作家

チューリッヒ湖《こ》南の山村《さんそん》で育つ。父は医者。少女時代父の患者《かんじゃ》で心を病《や》む療養《りようよう》者と、家族が食卓《しよくたく》を共《とも》にする生活が続く。14歳《さい》で首都《しゆと》チューリッヒの親戚《しんせき》の家にあずけられる。18歳で家にもどり父の病院の手伝いをする。

25歳で結婚《けつこん》、夫《おつと》は弁護士《べんごし》で新聞編集長《へんしゆうちよう》。チューリッヒで暮《く》らすが、街《まち》になじめず軽いノイローゼにかかる。3年後、息子《むすこ》が生まれる。44歳のころから作品を発表しはじめる。57歳で夫と息子を亡《な》くすが、執筆《しつぴつ》に力をそそぐことで悲しみから立ちあがる。74歳で亡くなるまで、児童《じどう》文学作家として執筆を続けた。

思いがけない依頼《いらい》

ある日、スイスのチューリッヒに住むヨハンナ・スピリのもとに、北ドイツのブレーメンから、一人の牧師《ぼくし》がたずねてきました。牧師は、ヨハンナがおさないころ、仲《なか》の良かった友の父親でした。

「ヨハンナ、今日はお願《ねが》いがあってやってきたんだが……」

「まあ、わざわざご遠方《えんぽう》から、いったいどのようなことでしょう？」

ヨハンナは首をかしげました。

「本を出してほしいのです」

「えっ、本をですって？　なにかのお間違《まちが》いではありませんか。だって、わたし、四十四歳《さい》になるこれまでに、思いつき程度《ていど》の詩と、手紙ぐらいしか書いたことがありませんわ」

「その手紙を読んで、お願《ねが》いにあがったのです。あなたが娘《むすめ》に出された手紙は、大変に素晴《すば》しかった！　あなたには、人をひきつけるだけの文才があります。奉仕《ほうし》活動の援助《えんじょ》に、本を出版《しゅっぱん》して、その売り上げを、寄付《きふ》してはいただけないだろうか」

とつぜんの申し出に、ヨハンナはすっかり驚《おどろ》いてしまいました。けれど、牧師《ぼくし》が帰った後、ヨハンナの胸《むね》は大きくはずんでいたのです。

（寄付をするために、書いてみようかしら）

机《つくえ》に向かうと、すぐに頭にうかんできたのは、フローニーのことでした。

フローニーは、小学校のときの親友です。貧《まず》しい家に生まれ、大酒飲《の》みの大工《だいく》と結婚《けっこん》し、不幸《ふしあわ》せな日々を送った後、少し前に亡《な》くなったのです。

（そうだ、フローニーのことを書こう！　気《き》の毒《どく》な一生だった、友への供養《くよう》にもなるわ）

フローニーとともに、自然の中ですごした子ども時代は、とても素敵《すてき》でした。

おてんばな女の子だったヨハンナは、フローニーと緑《みどり》の牧草《ぼくそう》の上を走りまわり、花をつんでは、かんむりや首かざりを作って楽しみました。

それに、牧場《ぼくじょう》で、ゆったりと草を食べる牛や、とびはねる山羊《やぎ》たちを、ながめるのも大好きでした。

ヨハンナは、フローニーとの思い出や、彼女への想《おも》いをせっせと書きつづりました。

名前は出さずに

原稿を書きあげたヨハンナは、牧師あてにこんな手紙をそえて送りました。

《『フローニーの墓《はか》の上の一枚の葉』をお送りします。もし、本にしてくださるのでしたら、一つお願《ねが》いがあります。匿名《とくめい》（名前を出さない）で本にしていただきたいのです》

数ヵ月後、『フローニーの墓の上の一枚の葉』は、美《うつく》しい本になり、店頭《てんとう》に並《なら》ぶと、たちまち評判《ひょうばん》になりました。

本が売れたうえに、その売り上げを教会の婦人《ふじん》の奉仕《ほうし》活動援助《えんじょ》のために寄付《きふ》できる……

ヨハンナにとって、こんなに嬉《うれ》しいことはありません。

弁護士《べんごし》の夫も、一人息子のベルンハルトもヨハンナのよき理解者《りかいしゃ》でした。

一冊の本で、大きな反響《はんきょう》を得たヨハンナは、次々と本を出版《しゅっぱん》しました。しかし、いずれも匿名《とくめい》で、名前は出しませんでした。ヨハンナは、ひそかに、（牧師《ぼくし》からの強い依頼《いらい》がなかったら、わたしは決して作家にはならなかったでしょう）と考えました。

ヨハンナには、本を出して、世の名声を得《え》ようという野心《やしん》など、まったくなかったのです。

子どものための本を

本を出しはじめて七年目のある日、ヨハンナの家に、姪《めい》が遊びにやってきました。

姪は、ヨハンナの書いた本を、興味《きょうみ》ぶかげに手にとりました。

「これ、おばさまが書いたの？　わたし、読んでみたいわ」

「これは、大人向きに書いたの。あなたには、まだ無理よ」

「じゃあ、子どもが読んでもいい本を貸《か》してちょうだい。おばさま」

ヨハンナは、姪《めい》に読ませるための本を探しましたが、書棚《しょだな》にはありませんでした。そこで書店にまで、出かけていきましたが、子ども向けの本は、少ししかありません。

「わたしたちの読む本が、これしかないなんて！　ねえ、おばさまが書いてちょうだい」

「そうね、書いてみようかしら」

「お願い、おばさま」

姪に頼《たの》まれて、ヨハンナは、子ども向けの物語を書きはじめました。

そして書きあげた作品の第一巻《かん》の書名は、『子どもと子どもを愛《あい》する人たちのための物語』。

やはり、これも匿名《とくめい》でした。

子ども向けの作品の大切さを感じたヨハンナは、二年後、『ハイジ』の第一部『一人前になるまで』を、出版《しゅっぱん》しました。

この頃《ころ》になると、もうヨハンナ・スピリの名前は、隠《かく》していてもスイスやドイツばかりでなく、フランスにも、知れわたるようになっていました。

そこでヨハンナは、やっと決心しました。

一八八一年刊行《かんこう》の『ハイジ』の第二部『勉強が役《やく》に立つとき』に、初《はじ》めて実名《じつめい》の〝ヨハンナ・スピリ〟と、著者名《ちょしゃめい》を入れたのです。

第一部は匿名《とくめい》、第二部は著者名入りという、ちょっと変わった結果《けっか》になりました。

ヨハンナ・スピリが、初めての本を出版《しゅっぱん》してから、十年の年月がたっていました。

〝近代《きんだい》教育の父〟と呼《よ》ばれる教育者

ペスタロッチ

——心豊《ゆた》かな人間を創《つく》るために捧《ささ》げた生涯《しょうがい》

ヨハン・ハインリッヒ・ペスタロッチ

（1746〜1827）

スイスの教育者

チューリッヒ大学在学《ざいがく》中、神学《しんがく》や法学の勉強をなげうって、農業をはじめる。23歳《さい》でおさななじみの8歳《さい》年上のアンナと結婚《けっこん》。その後、貧《まず》しい子どもたちのための学校や孤児院《こじいん》を設立した。

フランスの有名な哲学者・教育家であるルソーの影響《えいきょう》を受け、人間の才能《さいのう》や性格を育てあげる基礎《きそ》は、信仰深い家庭と初等《しょとう》教育にあるとし、子どもの自発的な活動を重視する教育法をとなえた。この教育法は世界の近代教育に大きな影響を与えた。

著書《ちょしょ》に『白鳥の歌』『隠者《いんじゃ》の夕暮《ゆうぐ》れ』などがある。

ひどいあだ名

スイスのチューリッヒにあるラテン語学校の校庭では、子どもたちが元気に遊んでいました。石けりをしていた男の子が、一人ポツンと立っている男の子に呼《よ》びかけました。

「おい、ハリ公、人数が足《た》りないから入れよ」

ハリ公と呼ばれた子が首を横にふると、男の子たちはいまいましそうに言いました。

「ふん、いつも遊ばないんだから」

「やっぱり、あいつはばか者のハリ公だ！」

ハリ公の本当の名はヨハン・ハインリッヒ・ペスタロッチ。父親は心の優《やさ》しい医者《いしゃ》でしたが、ハインリッヒが五歳《さい》のとき亡《な》くなり、信心深《しんじんぶか》い母親に育てられていました。ハインリッヒは友だちと遊ばないうえに成績《せいせき》も悪《わる》いので、教師もだめな子として相手にしませんでした。

学校から帰るとハインリッヒは母親の胸《むね》にとびこみます。あたたかい胸に抱《だ》かれると、学校での嫌《いや》なことなど忘《わす》れてしまうのでした。それからハインリッヒはこづかいをもらうと、近所の菓子店《かしてん》に走っていきます。

ハインリッヒには兄と妹がありましたが、子どもたちをのびのび育てたいと強く望《のぞ》んでいた母親は、近所の子どもたちと同じだけこづかいを持たせていました。

「あら、ハインリッヒ、いらっしゃい」

八歳年上の菓子店《かしてん》の娘《むすめ》アンナは、いつも優《やさ》しくハインリッヒをさとしました。

「ねえ、ハイリ、おこづかいはもっと大切なことにお使いなさい。お父さまが遺《のこ》していった大事なお金よ。ほら、この飴《あめ》をあげるわ」

アンナの言葉は静かに心にしみ透《とお》りました。

ある日、牧師《ぼくし》の祖父《そふ》が来て言いました。

「顔色が悪《わる》いな、ハイリ。休みの日にわたしの所へ来て体をきたえんか。広くていいぞ」

祖父《そふ》の美《うつく》しい村で、ハインリッヒは田畑《たはた》で働《はたら》く農民たちの生活を見て、働くことのすばらしさを知りました。もうひとつ心動かされたのは、祖父と貧しい人や重い病気の人たちをたずねたことでした。

(せっせと働いているのに、農民の生活はなんてひどいんだろう。病人もほったらかしだ)

ハインリッヒは、胸《むね》がしめつけられるような気持ちになり、きっぱりと心に誓《ちか》ったのです。

(ぼくの一生は貧《まず》しい人を助けるために捧《ささ》げよう)

それまでばか者のハリ公とよばれていたハインリッヒは懸命《けんめい》に勉強をはじめました。

すばらしい協力者

一七六三年、ペスタロッチは十七歳《さい》でチューリッヒのカール大学に入りました。この大学では、当時、教授《きょうじゅ》や学生たちがひとつの理想《りそう》に燃《も》え、次のような運動を起こしていました。

「今のスイスの社会の仕組《しく》みは間違《まちが》っている。農民も市民も同じように豊《ゆた》かに生活できるように、仕組みを変えなければならない……」

ペスタロッチもこの運動に加わり、熱心に活動を続けるうちに、

「農民が豊かになるためには、作物がもっととれるよう技術《ぎじゅつ》をあらためなければ……」

と考えるようになり、すぐに大学を辞《や》め田畑をたがやしはじめました。理想《りそう》に燃《も》えて行《おこ》なったことですが、現実は厳《きび》しく、土を掘《ほ》ったり草を刈《か》ったりする仕事はそれは大変でした。

泥《どろ》にまみれる手を休め、ある日、ペスタロッチは考えました。

(ぼくの考えの理解者《りかいしゃ》はいないものだろうか)

ひとすじの光のように、一人の女性《じょせい》の顔がうかびあがりました。それはアンナでした。

五百通もの手紙のやりとりの末、美《うつく》しい愛《あい》がめばえ二人は結婚《けっこん》しました。ペスタロッチが二十三歳《さい》、アンナが三十一歳のときでした。

二人は農場を開くとせっせと働《はたら》きましたが、土地が悪《わる》いうえに天候《てんこう》にも恵《めぐ》まれず、作物《さくもつ》はとれません。しかし二人はくじけませんでした。

アンナとの間に生まれたヤコブが育っていく姿《すがた》を見るうちに、ペスタロッチはひとつのこ

とに目覚《めざ》めたのです。

「そうだ、貧《まず》しい子どもたちが働きながら学べる学校を創《つく》ろう。豊《ゆた》かな心の人間を創るためには、子どもの時の教育が大切だ!」

アンナも力強くうなずきました。

しみ透《とお》る愛《あい》の心

ペスタロッチとアンナは、さっそく、貧しい農民や町の乞食《こじき》の子どもたちを連《つ》れてくると、やさしく勉強を教えはじめました。ところが、

「こんな所でじっとしているのはいやだ」

「道に座《すわ》っていれば金がもらえるんだよ」

ボロボロの服《ふく》をまとった子どもたちは、すきをみては逃《に》げだすのです。それでも二人は怒《いか》りもせずに、新しい服を着せたり、食べ物を用意したりして、せっせと世話をしました。しかし、困《こま》った問題が起こりました。少しばかりあった財産《ざいさん》を使い果《は》たしてしまったのです。

ペスタロッチは足を棒《ぼう》にして、知りあいからお金をかき集めました。

「まるで自分が乞食《こじき》のようじゃないか」

陰口《かげぐち》をたたかれてもくじけませんでした。学校を創《つく》る、お金がなくつぶれる――といったくり返しでしたが、ペスタロッチは決して自分の信念《しんねん》を曲《ま》げませんでした。

やがて、ペスタロッチの愛《あい》の心は、しだいに子どもたちの心にしみ透《とお》っていきました。わけへだてなく愛をそそいでくれるペスタロッチを、子どもたちは〝お父さん〟と呼んで慕《した》い、もう逃《に》げたりしなくなりました。

貧《まず》しい子どもたちを集めて教育をはじめて三十年の年月が流れました。そのころからやっと、ペスタロッチの考えが、人々にも理解《りかい》されるようになりました。教え子の中からも世の中に役立つ人がつぎつぎと育っていったのです。

一八二七年、八十一歳《さい》で亡《な》くなるまで、ペスタロッチはそまつな服を着たまま、困難《こんなん》の多い道を歩《あゆ》みつづけました。けれど、ヨハン・ハインリッヒ・ペスタロッチのめざした理想《りそう》の教育は、今も世界でもっとも立派《りっぱ》なものとして人々に伝えられています。

偉人《いじん》たちの〈あの日《ひ》　あの時《とき》〉
夢《ゆめ》をかなえた世界《せかい》の人々《ひとびと》

平成15年3月15日　初版発行

著　岡《おか》　信子《のぶこ》〈検印省略〉
絵　山岡勝司《やまおかかつじ》〈検印省略〉

発行者　岸　重人
発行所　株式会社 日本教文社
東京都港区赤坂9−6−44　〒107-8674
電話　03 (3401) 9111（代表）
03 (3401) 9114（編集）
頒布所　財団法人 世界聖典普及協会
東京都港区赤坂9−6−33　〒107-8691
電話　03 (3403) 1501（代表）
振替　00110-7-120549
印刷・製本　株式会社 シナノ
NDC 280.8　152p　21.5 cm
ISBN4-531-04121-6　Printed in Japan

谷口雅春童話集　全５巻

生長の家の教えは、みんなが幸福になれる教えです。その、愛と真理をふんだんに織りこんだお話は、子供たちの健全な心を育む最良の友となるでしょう。プレゼントやおみやげに最適のシリーズです。

①竜になった魔物の王女　谷口雅春著　難波淳郎絵

魔法でライオンにされた夫をたずね歩く花嫁……王位をつぐ手相のため川に流された幼な児……神さまに祈りがとどいた時ついに幸福が訪れる。表題作はじめ全５篇を収録。

1733円

②おしゃかさまの童話　谷口雅春著　すずきはつお絵

お釈迦さまが“たとえ話”で説いた教えに材を取った短篇童話が25篇。読む内に「人生の法則」が自然と理解できるよう工夫されている。他に創作童話が３篇。

1650円

③神さまと竜宮の話　谷口雅春著　倉石琢也絵

生きてゆく自信を失くした花子さんは、夢の中に現われた白ヒゲのおじいさんに導かれて……「真理を語る寓話」で知られる長篇傑作童話。読むと元気がでるお話。

1631円

④魔法の鼻物語　谷口雅春著　若菜珪絵

高慢な心を捨て「天地一切のもの」に感謝した時、お城中に伸びていた驚くほど長い王女の鼻がもとに戻りました。世界の面白い話に光明思想の光をあてた、宗教味豊かな５篇。

1366円

⑤幸福ものはだれ　谷口雅春著　宮坂栄一絵

今いる所を抜け出そうと大さわぎをしたあげく、結局もとのままが一番だったと気がつく……そんなゆかいな人達が次々と登場する10の短篇と、実話「観音霊験記」を収録。

1630円

各定価（5％税込）は、平成15年3月1日現在のものです。品切れの際はご容赦ください。